헬라어 잘읽고 잘쓰는 법

헬라어 잘 읽고 잘 쓰는 법

저자 지종엽
발행인 지종엽
발행처 비블리아
초판 2쇄 인쇄 2024. 8. 20
출판신고 제2006-000034호(2006. 6. 13)
주소 서울 강북구 수유동 554-89 B01호
TEL 010-2320-5291
총판 기독교출판유통 (031)906-9191
ISBN 979-11-978767-0-7

Learning
Greek Alphabet

시작이 반입니다

　어떤 언어든지 알파벳을 배운 다음 읽고 쓸 수 있다면 절반은 성공한 것입니다. 시작이 반이라는 말이 맞습니다. 성경 헬라어를 배우는 게 어렵다고 말합니다. 하지만 모국어를 제외하고 세상에 어떤 언어도 배우는 게 그리 쉬운 일은 아닙니다. 다른 나라 언어를 배우려면 힘든 수고가 필요합니다. 그럴지라도 꼭 필요한 사람은 배우기를 마다하지 않습니다. 헬라어를 배워서 신약성경을 원전으로 보고 싶은 분은 헬라어 알파벳부터 도전해 보시기 바랍니다.

　헬라어 알파벳은 생각보다 쉽습니다. 우리가 이미 배운 영어와 비슷하기 때문입니다. 24개의 헬라어 알파벳 중에서 13개가 영어와 모양이 같거나 비슷합니다. 마음만 단단히 먹으면 하루나 이틀이면 헬라어 알파벳을 익힐 수 있습니다. 그리고 알파벳만 익히면 헬라어 읽기와 쓰기 역시 별로 어렵지 않습니다. 도리어 영어보다 쉽습니다. 영어는 발음기호가 필요하지만, 헬라어는 우리말처럼 소리 나는 대로 읽고 쓰면 되기 때문입니다.

　이 책은 성경 헬라어를 처음 접하는 분들이 헬라어 알파벳을 쉽게 익히고, 헬라어로 된 낱말들을 쉽게 읽고 쓸 수 있도록 구성하였습니다.

　제1장은 24자로 된 헬라어 알파벳을 읽고 쓸 수 있도록 돕습니다. 큰 글씨로 된 헬라어 알파벳의 인쇄체와 필기체 위에 손가락으로 글자를 반복해서 쓰면서 연습하면 됩니다. 알파벳을 다섯 개의 그룹으로 나누어서 다섯 글자씩 쉽게 읽고 쓸 수 있도록 구성하였습니다.

2장에서는 1장에서 배운 실력을 바탕으로 헬라어 성경을 읽고 쓰는 연습을 할 수 있습니다. 마태복음, 요한복음, 로마서, 계시록 등에 나오는 10개의 헬라어 원문을 읽고 쓰는 훈련을 하면서 성경 헬라어를 배울 수 있게 구성하였습니다. 이 훈련을 통해 원어성경의 어느 곳에 나오는 헬라어 단어나 문장도 숙달되게 읽고 쓰는 것이 가능해질 것입니다.

3장은 헬라어 중요단어 360암기노트입니다. 어떤 언어를 배우든 단어를 외우는 것은 필수입니다. '헬라어단어 360암기노트'는 신약성경에 자주 나오는 단어 360개를 엄선해서 읽기와 쓰기를 하면서 뜻을 암기할 수 있도록 구성하였습니다. 360개의 단어만 알아도 신약성경을 원전으로 보는 데 큰 도움이 될 것입니다. 헬라어 원어성경을 읽을 때 아는 단어가 친근하게 다가올 것입니다.

이 책은 기독교인 누구나 쉽게 성경 헬라어를 배울 수 있도록 기획된 『코이네 성경헬라어 독학교재』 3권 중 첫 번째 책입니다.

① 헬라어 잘 읽고 잘 쓰는 법
② 말로 배우는 헬라어 문법(발행)
③ 요한복음으로 배우는 헬라어(발행 예정)

이 세 권의 책이 헬라어를 처음 시작하는 초보자나 이미 신학교에서 헬라어를 배웠음에도 헬라어 성경을 보는 게 잘 안 되는 분에게 큰 도움이 되리라 확신합니다. 이 책들을 통해 몇 달이 안 되는 짧은 기간에 헬라어를 읽고 쓰기는 물론 헬라어 원어성경을 번역하고 해석하는 실력을 갖추게 될 것입니다.

2022년 5월 10일
저자 지종엽

목차

3장 중요단어 360암기노트

{제1장}

알파벳과 헬라어 읽기

1
헬라어 알파벳의 구성

헬라어를 배우려면 먼저 알파벳을 알아야 한다. 헬라어 알파벳은 영어와 같이 24개의 글자로 구성되어 있다.

(1)α (2)β (3)γ (4)δ (5)ϵ (6)ζ (7)η (8)θ
알파 베타 감마 델타 엡실론 제타 에타 데타

(9)ι (10)κ (11)λ (12)μ (13)ν (14)ξ (15)ο (16)π
이오타 캅파 람다 뮈 뉘 크시 오미크론 피

(17)ρ (18)σ(ς) (19)τ (20)υ (21)φ (22)χ (23)ψ (24)ω
로 시그마 타우 윕실론 프히 크히 푸시 오메가

헬라어 알파벳을 외울 때는 5개씩 나눠서 외우면 쉽다. 먼저 우리말로 헬라어 알파벳의 소리를 외운 다음에 헬라어 쓰기를 공부하는 게 좋다. 익숙해질 때까지 소리 내어 반복해서 외워야 한다.

① 알파 베타 감마 델타 엡실론

② 제타 에타 데타 이오타 캅파

③ 람다 뮈 뉘 크시 오미크론

④ 피 로 시그마 타우 윕실론

⑤ 프히 크히 푸시 오메가

2
(알파)(베타)(감마)(델타)(엡실론) 쓰기

(**알파**)

헬라어 **알파**는 영어의 **a(A)**와 비슷하다.
왼쪽이 **소문자** 오른쪽이 **대문자**이다.

《 인쇄체 》

(**쓰기연습**)

손가락을 이용해서 아래 글자 위에 덧쓰기를 해보라. 익숙해질 때까지
반복해서 몇 번이고 써보라.

《 필기체 》

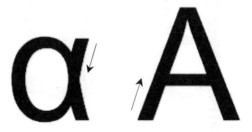

(베타)

헬라어 **베타**는 영어의 **B**와 비슷하다.
왼쪽이 **소문자**, 오른쪽이 **대문자**이다.

《 인쇄체 》

β B

(쓰기연습)

손가락을 이용해서 아래 글자 위에 덧쓰기를 해보라. 익숙해질 때까지
반복해서 몇 번이고 써보라.

《 필기체 》

β B

(감마)

헬라어 **감마**의 대문자는 우리말 **ㄱ**자를 돌려놓은 것과 비슷하다.
왼쪽이 **소문자**, 오른쪽이 **대문자**이다.

《 인쇄체 》

(쓰기연습)

손가락을 이용해서 아래 글자 위에 덧쓰기를 해보라. 익숙해질 때까지
반복해서 몇 번이고 써보라.

《 필기체 》

(델타)

헬라어 **델타**의 모양은 영어의 **d(D)**와 비슷하다.
왼쪽이 **소문자**, 오른쪽이 **대문자**이다.

《 인쇄체 》

$$\delta \quad \Delta$$

(쓰기연습)

손가락을 이용해서 아래 글자 위에 덧쓰기를 해보라. 익숙해질 때까지
반복해서 몇 번이고 써보라.

《 필기체 》

$$\delta \quad \Delta$$

(엡실론)

왼쪽이 **소문자**, 오른쪽이 **대문자**이다.
헬라어 **엡실론**의 모양은 영어의 **e(E)**와 비슷하다.

《 인쇄체 》

(쓰기연습)

손가락을 이용해서 아래 글자 위에 덧쓰기를 해보라. 익숙해질 때까지
반복해서 몇 번이고 써보라.

《 필기체 》

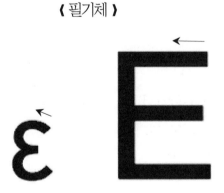

3
α β γ δ ∈로 된 헬라어 읽기

헬라어는 알파벳은 자음과 모음으로 구성되어 있으며 자음과 모음이
모여서 낱말을 만든다. α β γ δ ∈ 중에서 α 와 ∈은 모음이고
는 β γ δ는 자음이다.

알파벳	자음/모음	음가
α	모음	아
β	자음	ㅂ
γ	자음	ㄱ
δ	자음	ㄷ
∈	모음	에

헬라어는 자음과 모음이 합쳐서 낱말이 된다. 낱말을 만들려면
하나 이상의 모음이 있어야 한다. 헬라어는 한글처럼 소리 나는 대로
읽으면 되므로 배우기가 쉽다.

☂ αβγδ∈로 된 낱말 만들기

βα[ㅂ+아] 바	γα[ㄱ+아] 가
δα[ㄷ+아] 다	β∈[ㅂ+에] 베
γ∈[ㄱ+에] 게	δ∈[ㄷ+에] 데
αβ[아+브] 아브	αγ[아+그] 아그
αδ[아+드] 아드	αβ∈[아+베] 아베
αγ∈[아+게] 아게	αδ∈[아+데] 아데
β∈α[베+아] 베아	γ∈α[게+아] 게아
δ∈α[데+아] 데아	βαδ[바+드] 바드
β∈γ[베+그] 베그	δ∈δ[데+드] 데드
αβδ∈[아브+데] 아브데	αγ∈δ[아게+드] 아게드
δαδ∈[다+데] 다데	β∈γα[베+가] 베가
∈δγα[에드+가] 에드가	∈αβ[에아+브] 에아브
αγα∈[아가+에] 아가에	βαβγ∈[바브+게] 바브게
δγ∈α[드게+아] 드게아	γβα[그+바] 그바
αδαβ∈[아다+베] 아다베	δα∈βα[다에+바] 다에바

□연습문제

아래 헬라어를 읽고 우리말로 음역해 보라(*답은 앞 페이지에)

βα	γα
δα	βε
γε	δε
αβ	αγ
αδ	αβε
αγε	αδε
βεα	γεα
δεα	βαδ
βεγ	δεδ
αβδε	αγεδ
δαδε	βεγα
εδγα	εαβ
αγαε	βαβγε
δγεα	γβα
αδαβε	δαεβα

4
(제타) (에타) (데타) (이오타) (캅파) 쓰기

(제타)

헬라어 **제타**는 영어의 **Z**와 비슷하다
왼쪽이 **소문자** 오른쪽이 **대문자**이다.

《 인쇄체 》

(쓰기연습)

손가락을 이용해서 아래 글자 위에 덧쓰기를 해보라. 익숙해질 때까지
반복해서 몇 번이고 써보라.

《 필기체 》

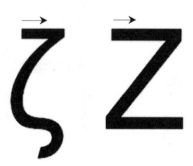

(에타)

헬라어 **에타**는 영어의 **h(H)**와 비슷하다.
왼쪽이 **소문자**, 오른쪽이 **대문자**이다.

《 인쇄체 》

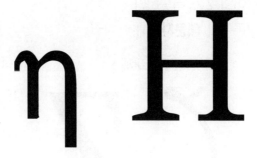

(쓰기연습)

손가락을 이용해서 아래 글자 위에 덧쓰기를 해보라. 익숙해질 때까지
반복해서 몇 번이고 써보라.

《 필기체 》

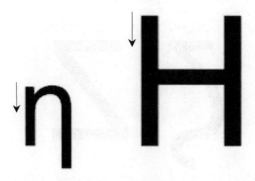

(데타)

헬라어 **데타**는 고양이 눈 모양을 닮았다.
왼쪽이 **소문자**, 오른쪽이 **대문자**이다.

《 인쇄체 》

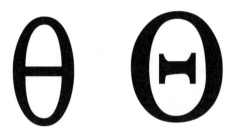

(쓰기연습)

손가락을 이용해서 아래 글자 위에 덧쓰기를 해보라. 익숙해질 때까지
반복해서 몇 번이고 써보라.

《 필기체 》

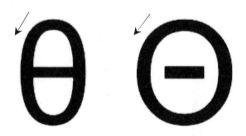

(이오타)

헬라어 **이오타**는 영어의 **i(I)**와 비슷하다.
왼쪽이 **소문자**, 오른쪽이 **대문자**이다.

《 인쇄체 》

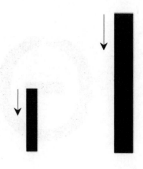

(쓰기연습)

손가락을 이용해서 아래 글자 위에 덧쓰기를 해보라. 익숙해질 때까지
반복해서 몇 번이고 써보라.

《 필기체 》

(칸파)

헬라어 **칸파**는 영어의 **k(K)**와 같다
왼쪽이 **소문자**, 오른쪽이 **대문자**이다.

《 인쇄체 》

(쓰기연습)

손가락을 이용해서 아래 글자 위에 덧쓰기를 해보라. 익숙해질 때까지
반복해서 몇 번이고 써보라.

《 필기체 》

5
ζηθικ로 된 헬라어 읽기

헬라어는 알파벳은 자음과 모음으로 구성되어 있으며 자음과
모음이 모여서 낱말을 만든다. ζηθικ 중에서 η 와 ι은 모음이고
ζθκ는 자음이다.

알파벳	자음/모음	음가
ζ	자음	ㅈ
η	장모음	에-
θ	자음	ㄷㅎ
ι	모음	이
κ	자음	ㅋ

·η(에타)는 장모음으로 조금 길게 (에-)로 발음한다.
 반면에 ε(엡실론)은 단모음으로 짧게 (에)로 발음한다.
·θ(데타)는 ㄷㅎ 발음으로 영어의 th발음과 같다.

☂ ζηθικ로 된 낱말을 우리말로 음역하기

ζη[ㅈ+에-] 제-	θη[ㄷㅎ+에-] 데ㅎ-
κη[ㅋ+에-] 케-	ζι[ㅈ+이] 지
θι[ㄷㅎ+이] 디ㅎ	κι[ㅋ+이] 키
ζηθι[제-+디ㅎ] 제-디ㅎ	ζηκι[제-+키] 제-키
θικη[디ㅎ+케-] 디ㅎ케-	ζικι[지+키] 지키
κηθι[케-+디ㅎ] 케-디ㅎ	θηκι[데ㅎ-+키] 데ㅎ-키
ζηκ[제-+ㅋ] 제-크	κιθ[키+ㄷㅎ] 키드ㅎ
θιζ[디ㅎ+ㅈ] 디ㅎ즈	ικη[이+케-] 이케-
ηθι[에-+디ㅎ] 에-디ㅎ	ηικ[에-이+ㅋ] 에-이크
κηικ[케-이+ㅋ] 케-이크	ιηζ[이에-+ㅈ] 이에-즈
ικζη[이크+제-] 이크제-	εθηι[에데ㅎ-+이] 에데ㅎ-이
κηθζι[캐-드ㅎ+지] 캐-드ㅎ지	κζη[ㅋ+제-] 크제-
ζηθικ[제-디ㅎ+ㅋ] 제-디ㅎ크	ζικιθ[지키+ㄷㅎ] 지키드ㅎ
θιζηι[디ㅎ+제-이] 디ㅎ제-이	ζικηι[지+케-+이] 지케-이
ηζικ[에-지크] 에지크	θικζη[디크+제-] 디ㅎ크제-

☂ α~κ 로 된 낱말을 우리말로 음역하기

αγιζαγι 아기자기	καθ 카드ㅎ
ηικα 에-이카	αβζι 아브지
ζικιδα 지키다	βακθα 바크다ㅎ
ειζαδα 에이자다	γαζα 가자
βαικ 바이크	γηθαγα 게다ㅎ가
ζηκι 제-키	βαγεα 바게아
γαιθ 가이드ㅎ	ζαιζη 자이제-
κεδαζι 케다지	αβζιγα 아부지가
ζαγαδ 자가드	καθιβ 카디ㅎ브
δαβζιθα 다브지다ㅎ	ιζηγαδα 이제-가다
γαζηβ 가제-브	ικαζηκα 이카제-카
κδαζι 크다지	αβακη 아바케-
κειк 케이크	βθιγα 브디ㅎ가
θαιζε 다ㅎ이제	βαδιγαδ 바디가드
ζεικη 제이케-	δαγαζιθα 다가지다ㅎ

□ 연습문제(1)

아래 헬라어를 읽고 우리말로 음역해 보라 (*답은 앞 페이지에)

ζη	θη
κη	ζι
θι	κι
ζηθι	ζηκι
θικη	ζικι
κηθι	θηκι
ζηκ	κιθ
θιζ	ικη
ηθι	ηικ
κηικ	ιηζ
ικζη	εθηι
κηθζι	κζη
ζηθικ	ζικιθ
θιζηι	ζικηι
ηζικ	θικζη

□연습문제(2)

아래 헬라어를 읽고 우리말로 음역해 보라(*답은 앞 페이지에)

αγιζαγι	καθ
ηικα	αβζι
ζικιδα	βακθα
ειζαδα	γαζα
βαικ	γηθαγα
ζηκι	βαγεα
γαιθ	ζαιζη
κεδαζι	αβζιγα
ζαγαδ	καθιβ
δαβζιθα	ιζηγαδα
γαζηβ	ικαζηκα
κδαζι	αβακη
κεικ	βθιγα
θαιζε	βαδιγαδ
ζεικη	δαγαζιθα

6
(람다) (뮈) (뉘) (크시) (오미크론) 쓰기

(람다)

헬라어 **람다**는 산 모양과 비슷하다
왼쪽이 **소문자** 오른쪽이 **대문자**이다.

《 인쇄체 》

(쓰기연습)

손가락을 이용해서 아래 글자 위에 덧쓰기를 해보라. 익숙해질 때까지
반복해서 몇 번이고 써보라.

《 필기체 》

(뮈)

헬라어 **뮈**는 영어의 **m(M)**과 비슷하다.
왼쪽이 **소문자**, 오른쪽이 **대문자**이다.

《 인쇄체 》

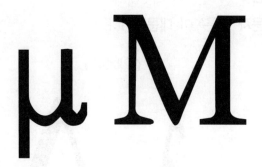

(쓰기연습)

손가락을 이용해서 아래 글자 위에 덧쓰기를 해보라. 익숙해질 때까지
반복해서 몇 번이고 써보라.

《 필기체 》

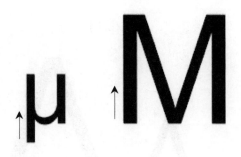

(뉘)

헬라어 **뉘**는 영어의 **n(N)**과 비슷하다.
왼쪽이 **소문자**, 오른쪽이 **대문자**이다.

《 인쇄체 》

(쓰기연습)

손가락을 이용해서 아래 글자 위에 덧쓰기를 해보라. 익숙해질 때까지
반복해서 몇 번이고 써보라.

《 필기체 》

(크시)

헬라어 **크시**는 영어에 비슷한 글자가 없는 독특한 모양이다
왼쪽이 **소문자**, 오른쪽이 **대문자**이다.

《 인쇄체 》

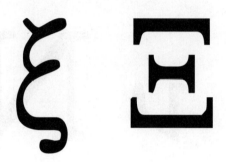

(쓰기연습)

손가락을 이용해서 아래 글자 위에 덧쓰기를 해보라. 익숙해질 때까지
반복해서 몇 번이고 써보라.

《 필기체 》

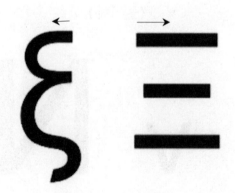

(오미크론)

헬라어 **오미크론**은 영어의 **o(O)**와 같다
왼쪽이 **소문자**, 오른쪽이 **대문자**이다.

《 인쇄체 》

(쓰기연습)

손가락을 이용해서 아래 글자 위에 덧쓰기를 해보라. 익숙해질 때까지
반복해서 몇 번이고 써보라.

《 필기체 》

7
λμνξο로 된 헬라어 읽기

헬라어는 알파벳은 자음과 모음으로 구성되어 있으며 자음과 모음이 모여서 낱말을 만든다. λμνξο 중에서 ο은 모음이고 λμνξ는 자음이다.

알파벳	자음/모음	음가
λ	자음	ㄹㄹ
μ	자음	ㅁ
ν	자음	ㄴ
ξ	자음	ㅋㅅ
ο	모음	오

λ(람다)는 강하게 발음하는 (ㄹ)로 영어의 (L)발음과 같다
ξ(크시)는 복합자음으로 (ㅋㅅ)으로 발음한다

　·ξ+모음일 때는 (ㅋㅅ)로 발음한다 : ξα 크사

　·모음+ξ 일 때는 (ㅋ+ㅅ)로 발음한다 : αξ 악스, αξο 악소

☂ λμνξο로 된 낱말을 우리말로 음역하기

λο[ㄹ+오] 로	μο[ㅁ+오] 모
νο[ㄴ+오] 노	ξο[크ㅅ+오] 크소
ολ[오+ㄹ] 올	ομ[오+ㅁ] 옴
ον[오+ㄴ] 온	οξ[오크+ㅅ] 옥스
ομη[오+메-] 오메-	μονε[모+네] 모네
αξο[아크+소] 악소	ξινη[크시+네-] 크시네-
νοξο[노+ㅋ소] 녹소	μολο[모ㄹ+로] 몰로
νολελο[노ㄹ+레ㄹ+로] 놀렐로	λαλια[라ㄹ+리아] 랄리아
ολοξ[오ㄹ+로ㅋ+스] 올록스	μιξ[미ㅋ+스] 믹스
λολεξ[로ㄹ+레ㅋ+스] 롤렉스	νοξιμο[노ㅋ+시모] 녹시모
λεμον[레+모ㄴ] 레몬	ξον[크ㅅ+오ㄴ] 크손
ξολ[크ㅅ+오ㄹ] 크솔	ξομ[크ㅅ+오ㅁ] 크솜
μοναμι[모+나+미] 모나미	ναομι[나+오+ㅁ] 나오미
ολη[오ㄹ+레] 올레	οξια[오크+시+아] 옥시아
μνολ[므+놀] 므놀	νολαν[노ㄹ+란] 놀란

☂ α ~ Ο 로 된 낱말을 우리말로 음역하기

βαλι 발리	αβαλον 아발론
γαγολ 가골	αγινολζα 아기놀자
αδαμ 아담	ζαλναγα 잘나가
ηξελ 엑-셀	δαβζιν 다브진
ολιδα 올리다	ναλαγαδα 날라가다
κιδαλι 키달리	ιλβον 일본
λογο 로고	κολα 콜라
ναμολα 나몰라	θναλιδα 드날리다
αξελομ 악셀롬	κιγακδα 키가크다
ονηλ 오넬-	μολαθο 몰라도ㅎ
γαβοζα 가보자	ναδογαλγε 나도갈게
ναβιληνα 나빌레-나	γογαη 고가에-
ξιμνιδα 크시므니다	μακδαλα 마크달라
λιβγα 리브가	γαδιαξ 가디악스
ναιζε 나이제	γαβολανδα 가볼란다

⊡ 연습문제(1)

아래 헬라어를 읽고 우리말로 음역하라(*답은 앞 페이지에)

λο	μο
νο	ξο
ολ	ομ
ον	οξ
ομη	μονε
αξο	ξινη
νοξο	μολο
νολελο	λαλια
ολοξ	μιξ
λολεξ	νοξιμο
λεμον	ξον
ξολ	ξομ
μοναμι	ναομι
ολη	οξια
μνολ	νολαν

☐연습문제(2)

아래 헬라어를 읽고 우리말로 음역하라(*답은 앞 페이지에)

βαλι	αβαλον
γαγολ	αγινολζα
αδαμ	ζαλναγα
ηξελ	δαβζιν
ολιδα	ναλαγαδα
κιδαλι	ιλβον
λογο	κολα
ναμολα	θναλιδα
αξελομ	κιγακδα
ονηλ	μολαθο
γαβοζα	ναδογαλγε
ναβιληνα	γογαη
ξιμνιδα	μακδαλα
λιβγα	γαδιαξ
ναιζε	γαβολανδα

8
(피) (로) (시그마) (타우) (웁실론) 쓰기

(**피**)는 수학의 원주율을 나타내는 부호 π와 모양이 같다
왼쪽이 **소문자** 오른쪽이 **대문자**이다.

《 인쇄체 》

(쓰기연습)

손가락을 이용해서 아래 글자 위에 덧쓰기를 해 보라. 익숙해질 때까
지 반복해서 몇 번이고 써보라.

《 필기체 》

(로)

헬라어 **로**는 영어의 **p**와 모양이 비슷하다.
왼쪽이 **소문자**, 오른쪽이 **대문자**이다.

《 인쇄체 》

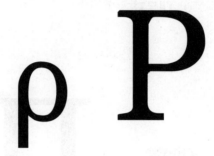

(쓰기연습)

손가락을 이용해서 아래 글자 위에 덧쓰기를 해보라. 익숙해질 때까지
반복해서 몇 번이고 써보라.

《 필기체 》

(시그마)

헬라어 **시그마**는 단어의 시작과 중간에는 σ를 단어 끝에는 ς를
사용한다.
왼쪽이 **소문자**, 오른쪽이 **대문자**이다.

《 인쇄체 》

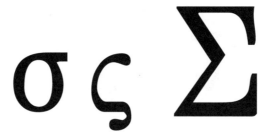

(쓰기연습)

손가락을 이용해서 아래 글자 위에 덧쓰기를 해보라. 익숙해질 때까지
반복해서 몇 번이고 써보라.

《 필기체 》

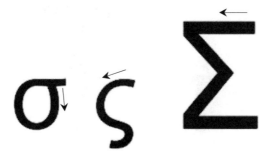

(타우)

헬라어 **타우**는 영어의 t(T)와 비슷하다
왼쪽이 **소문자**, 오른쪽이 **대문자**이다.

《 인쇄체 》

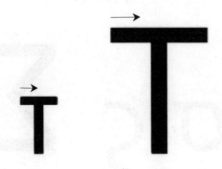

τ T

(쓰기연습)

손가락을 이용해서 아래 글자 위에 덧쓰기를 해보라. 익숙해질 때까지
반복해서 몇 번이고 써보라.

《 필기체 》

(윕실론)

헬라어 **윕실론**은 소문자는 영어의 **U**와 같고 대문자는 영어의 **Y**와 같다.
왼쪽이 **소문자**, 오른쪽이 **대문자**이다.

《 인쇄체 》

υ Y

(쓰기연습)

손가락을 이용해서 아래 글자 위에 덧쓰기를 해보라. 익숙해질 때까지
반복해서 몇 번이고 써보라.

《 필기체 》

9
πρσ(ς)τυ로 된 헬라어 읽기

헬라어는 알파벳은 자음과 모음으로 구성되어 있으며 자음과
모음이 모여서 낱말을 만든다. πρστυ 중에서 υ은 모음이고
πρστ는 자음이다.

알파벳	자음/모음	음가
π	자음	ㅍ
ρ	자음	ㄹ(ㅎ)
σ	자음	ㅅ
τ	자음	ㅌ
υ	모음	위

·ρ(로)는 영어의 (R)발음과 같다. 음역할 때 ρ가 단어의 첫글자로
올 때는 λ와 구별하기 위해 **ㄹㅎ**으로 나타낸다.
·σ(시그마)는 단어의 끝에 올 때는 ς로 사용한다
·υ(윕실론)은 (위) 발음이 난다.

πρστυ로 된 낱말을 우리말로 음역하기

πυ(ㅍ+위) 퓌	ρυ(ㄹ+위) 뤼
συ(ㅅ+위) 쉬	τυ(ㅌ+위) 튀
υπ(위+ㅍ) 위프	υς(위+ㅅ) 위스
υτ(위+ㅌ) 위트	πρυντ(프륀+ㅌ) 프륀트
ρυσο(뤼+쉬) 뤼소	προρυ(프로+뤼) 프로뤼
υιπσιλο(위프+실로) 위프실로	τυπης(튀+페-스) 튀페-스
συπολτ(쉬+폴+트) 쉬폴트	ρηιν(레ㅎ+인) 레ㅎ인
ραδιο(라ㅎ+디오) 라ㅎ디오	πολανδ(포르+란드) 폴란드
συτρι(쉬+트리) 쉬트리	τυρες(튀+레+스) 튀레스
συπαος(쉬+파+오스) 쉬파오스	σοξιμο(소+ㅋ시모) 속시모
ροβοτ(로ㅎ+보트) 로ㅎ보트	πρεος(프레+오스) 프레오스
πλυολ(프르뤼+올) 플뤼올	δορεμι(도레+미) 도레미
σαυλο(사위르+로) 사윌로	υκραινα(위크+라이나) 위크라이나
ρομανδυ(로+만뒤) 로ㅎ만뒤	συπτ(쉬+프트) 쉬프트
σαρμαν(사르+만) 사르만	σαλμαν(살+만) 살만

α ～υ로 된 낱말을 우리말로 읽고 음역하기

αυλα 아월라	αυρα 아워라
ειπραν 에이프란	αισκρυμ 아이스크림
απρικα 아프리카	ναιαγαρα 나이아가라
γαλιλεο 갈릴레오	οριηντ 오리엔-트
ναιτ 나이트	ραιτ 라흥이트
σμολ 스몰	ταρσσο 타르쏘
μιξος 믹소스	κορια 코리아
οστυρια 오스튀리아	γαβολανδα 가볼란다
λοτερια 로테리아	υγιην 위기엔-
σπειν 스페인	δαιναμικ 다이나믹
μοβαλ 모발	σεκονδ 세콘드
ναις 나이스	ζεμιναν 제미난
σοπρανο 소프라노	πριρανς 프리란스
ναλαγαθα 날라가다흥	γαγοσιπθα 가고시프다흥
βαργη 바르게-	ιζεγομαν 이제고만

□ 연습문제(1)

아래 헬라어를 읽고 우리말로 음역하라.(*답은 앞 페이지에)

πυ	ρυ
συ	τυ
υπ	υς
υτ	πρυντ
ρυσο	προρυ
υιπσιλο	τυπης
συπολτ	ρηιν
ραδιο	πολανδ
συτρι	τυρες
συπαος	σοξιμο
ροβοτ	πρεος
πλυολ	δορεμι
σαυλο	υκραινα
ρομανδυ	συπτ
σαρμαν	σαλμαν

□ 연습문제(2)

아래 헬라어를 읽고 우리말로 음역하라(*답은 앞 페이지에)

αυλα	αυρα
ειπραν	αισκρυμ
απρικα	ναιαγαρα
γαλιλεο	οριηντ
ναιτ	ραιτ
σμολ	ταρσσο
μιξος	κορια
οστυρια	γαβολανδα
λοτερια	υγιην
σπειν	δαιναμικ
μοβαλ	σεκονδ
ναις	ζεμιναν
σοπρανο	πριρανς
ναλαγαθα	γαγοσιπθα
βαργη	ιζεγομαν

10
(프히) (크히) (프시) (오메가) 쓰기

(**프히**)는 수학의 함수 기호 파이(φ)와 모양이 같다.
왼쪽이 **소문자** 오른쪽이 **대문자**이다.

《 인쇄체 》

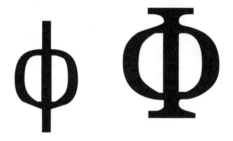

(**쓰기연습**)

손가락을 이용해서 아래 글자 위에 덧쓰기를 해보라. 익숙해질 때까지
반복해서 몇 번이고 써보라.

《 필기체 》

(크히)

헬라어 **크히**는 영어의 **X**와 모양이 같다.
왼쪽이 **소문자**, 오른쪽이 **대문자**이다.

《 인쇄체 》

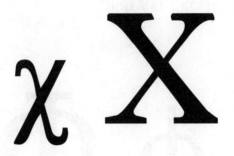

(쓰기연습)

손가락을 이용해서 아래 글자 위에 덧쓰기를 해보라. 익숙해질 때까지
반복해서 몇 번이고 써보라.

《 필기체 》

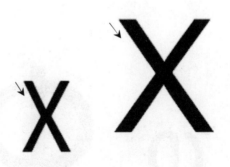

(프시)

헬라어 **프시**는 삼지창 모양을 닮았다.
왼쪽이 **소문자**, 오른쪽이 **대문자**이다.

《 인쇄체 》

(쓰기연습)

손가락을 이용해서 아래 글자 위에 덧쓰기를 해보라. 익숙해질 때까지
반복해서 몇 번이고 써보라.

《 필기체 》

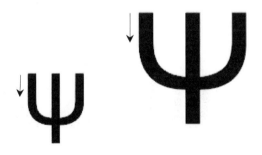

(오메가)

헬라어 **오메가**는의 소문자는 영어의 **w**와 비슷하고
대문자는 스위스 시계회사 로고 오메가(Ω)와 같다.
왼쪽이 **소문자**, 오른쪽이 **대문자**이다.

《 인쇄체 》

(쓰기연습)

손가락을 이용해서 아래 글자 위에 덧쓰기를 해보라. 익숙해질 때까지
반복해서 몇 번이고 써보라.

《 필기체 》

11
φχψω로 된 헬라어 읽기

헬라어는 알파벳은 자음과 모음으로 구성되어 있으며 자음과 모음이
모여서 낱말을 만든다. φχψω 중에서 ω 은 모음이고 φχψ는
자음이다.

알파벳	자음/모음	음가
φ	자음	**ㅍㅎ**
χ	자음	**ㅋㅎ**
ψ	자음	**ㅍㅅ**
ω	장모음	**오-**

·φ(프히) χ(크히)는 ㅎ발음이 나는 무성음이다.

·ψ(프시)는 두 개의 발음이 나는 쌍자음이다

·ω(오메가)는 장모음으로 길게 발음하는 (오-)이다.

☂ φχψω로 된 낱말을 우리말로 음역하기

φω[ㅍㅎ+오-] 포흐-	χω[ㅋㅎ+오-] 코흐-
ψω[ㅍㅅ+오-] 프소-	ωφ[오-+ㅍㅎ] 오-프흐
ωχ[오-+ㅋㅎ] 오-크흐	ωψ[오-ㅍ+스] 옾-스
φοχω[포흐+코흐-] 포흐코흐-	ψωχι[프소-+키] 프소-키
φαγωδα[파흐+고대] 파흐고-다	φοχεο[포흐+케흐오] 포흐케흐오
φυω[퓌+오-] 퓌흐오-	φρισσω[프흐뤼+쏘-] 프흐뤼쏘-
χαιρω[카흐이+로] 카흐이로-	χθως[크흐+도-스] 크흐도-스
χωριζω[코흐-+리조-]코흐리조-	χωριον[코흐-+리온] 코흐-리온
ψαλλω[프살+로] 프살로-	ψυχω[프쉬+코] 프쉬코-
ψιχιον[프시+키온] 프시키온	ψεφιζω[프세+피흐조-]프세피흐조-
ωον[오-+온] 오-온	ωρα[오-+라] 오-라
υψινω[위ㅍ+시+노-] 윞시노-	ορυων 오뤼온-
νεχρως 네크흐로-스	καυχαομαι 카우카흐오마이
εφρατης 에프흐라테-스	σεφω[세+포흐-] 세포흐-
φωλιξ[폴흐-릭스] 폴흐-릭스	χανααν[카흐+나+안] 카흐나안

☂ α~ω로 된 낱말을 우리말로 음역하기

πλησσω 플레쏘-	εξαστελλω 엑사스텔로-
γλωρια 글로-리아	καταλαλος 카탈랄로스
σεταξο 세탁소	οθριζω 오드ㅎ리조-
απλεω 아플레오-	πυρραζω 퓌르라조-
συδνι 쉬드니	κληρυνω 클레-뤼노-
τυπανιζω 튀파니조-	τυφλοω 튀플ㅎ로오-
δαξις 닥시스	φανταζια 판ㅎ타지아
φυλακτηρι 퓔ㅎ라크테-리	χαλκεος 칼ㅎ케오스
χειμαρω 케ㅎ이마로-	ψαλος 프살로스
ψιθυτης 프시뒤ㅎ테-스	ψοσις 프소시스
σαξως 삭소-스	ωπελεια 오-펠레이아
μηκυνω 메-퀴노-	ανακυπτω 아나퀴프토-
αντιληψις 안틸렢시스	αφιλαθος 아퓔ㅎ라도ㅎ스
βασσιλια 바씰리아	ενηργυς 에네-르귀스
γυψιος 귚시오스	δακτυλω 다크튈로-

□ 연습문제(1)

아래 헬라어를 읽고 우리말로 음역하라.(*답은 앞 페이지에)

φω	χω
ψω	ωφ
ωχ	ωψ
φοχω	ψωχι
φαγωδα	φοχεο
φυω	φρισσω
χαιρω	χθως
χωριζω	χωριον
ψαλλω	ψυχω
ψιχιον	ψεφιζω
ωον	ωρα
υψινω	ορυων
νεχρως	καυχαομαι
εφρατης	σεφω
φωλιξ	χανααν

☐ 연습문제(2)

아래 헬라어를 읽고 우리말로 음역하라(*답은 앞 페이지에)

πλησσω	εξαστελλω
γλωρια	καταλαλος
σεταξο	οθριζω
απλεω	πυρραζω
συδνι	κληρυνω
τυπανιζω	τυφλοω
δαξις	φανταζια
φυλακτηρι	χαλκεος
χειμαρω	ψαλος
ψιθυτης	ψοσις
σαξως	ωπελεια
μηκυνω	ανακυπτω
αντιληψις	αφιλαθος
βασσιλια	ενηργυς
γυψιος	δακτυλω

12
단어의 첫 글자가 모음일 때 발음

헬라어는 단어의 첫 단어가 모음일 때는 **ㅇ**과 **ㅎ** 두 가지로 발음
될 수 있다. **ㅇ**으로 발음될 때는 모음 위에 숨표(')를 두고,
ㅎ으로 발음될 때는 모음 위에 역숨표(')를 둔다.

αδαμ(아담)과 ϵνοκ을 예로 들어보자.

$$\overset{'}{\alpha}\delta\alpha\mu \ \text{---} \ \text{아담} \qquad \overset{'}{\epsilon}\nu\text{οκ} \ \text{---} \ \text{에녹}$$

$$\overset{'}{\alpha}\delta\alpha\mu \ \text{---} \ \text{하담} \qquad \overset{'}{\epsilon}\nu\text{οκ} \ \text{---} \ \text{헤녹}$$

모음으로 오는 첫 단어가 대문자일 때는 모음 부호가 단어 앞에 온다.

$$\text{'Α}\delta\alpha\mu \ \text{---} \ \textbf{아담} \qquad \text{'Ε}\nu\text{οκ} \ \text{---} \ \textbf{에녹}$$

$$\text{'Α}\delta\alpha\mu \ \text{---} \ \textbf{하담} \qquad \text{'Ε}\nu\text{οκ} \ \text{---} \ \textbf{헤녹}$$

영어에서는 문장의 첫 글자와 고유명사의 첫 글자를 대문자로 하지만
헬라어에서는 문장의 첫 글자가 대문자일 경우는 거의 없고
고유명사일 때는 대문자를 사용한다.(*헬라어 대문자의 한글음역은
굵은 고딕체를 사용)

첫 단어가 모음인 헬라어 음역하기

ἀββα 압바	Ἀβελ 아벨
ἁδης 하데스	ἁγιος 하기오스
ἐκγαμιζω 에크가미조-	Ἑβραιος **헤**브라이오스
ἑτερος 헤테로스	Ἐθεσιος 에데ㅎ시오스
ἠλι 엘리	ἡγεμονια 헤게모니아
Ἡρωδιας **헤**로디아스	Ἡρ 에르
Ἰωαννας **이**오안나스	Ἱεροσολυμα **히**에로솔뤼마
ἰασπις 이아스피스	ἱλαρος 힐라로스
ὀθονη 오도네-	ὁπλον 호플론
ὀφθαλμος 오프ㅎ달모스	ὀψις 옾시스
ὑγιαινω 휘기아이노-	ὑπνος 휘프노스
ὑψος 휲소스	ὑπομενω 휘포메노-
ἀσπιλος 아스필로스	ἐκταρασσω 에크타라쏘-
ἡλικος 헬-리코스	ἱππος 힢포스
ὀφειλω 호페ㅎ일로-	ὑποπνεω 휘포프네오-

□ 연습문제

아래 헬라어를 읽고 우리말로 음역하라(*답은 앞 페이지에)

ἀββα	Ἀβελ
ἁδης	ἁγιος
ἐκγαμιζω	Ἑβραιος
ἑτερος	Ἐθεσιος
ἠλι	ἡγεμονια
Ἡρωδιας	Ἡρ
Ἰωαννας	Ἱεροσολυμα
ἰασπις	ἱλαρος
ὀθονη	ὁπλον
ὀφθαλμος	ὀψις
ὑγιαινω	ὑπνος
ὑψος	ὑπομενω
ἀσπιλος	ἐκταρασσω
ἡλικος	ἱππος
ὀφειλω	ὑποπνεω

13
이중모음 발음하기

헬라어에는 모음이 2개 겹치는 이중 모음이 있다.
이중 모음이 단어의 앞에 올 때는 숨표(’)나 역숨표(‘)를
두 번째 글자 위에 둔다.

(이중모음의 종류)

αι(아이) ει(에이) οι(오이) ευ(유) ου(우) υι(위-)

(이중모음이 단어의 맨 앞에 올 때)

αἰ(아이) εἰ(에이) οἰ(오이) εὐ(유) οὐ(우) υἰ(위-)

αἱ(하이) εἱ(헤이) οἱ(호이) εὑ(휴) οὑ(후) υἱ(휘-)

(이중모음 발음의 예)

[αι] ναιαγαρα(나이아가라) αἰναρα(아이나라) αἱτον(하이톤)

[ει] νειβο(네이보) εἰγαζα(에이가자) εἱολα(헤이올라)

[οι] γοιγαδα(고이가다) οἰπαλζα(오이팔자) οἱνικ(호이닉)

[ευ] ἀγιευ(아기유) εὐανμι(유안미) εὑζι(휴지)

[ου] σαουλ(사울) οὐριναρα(우리나라) οὑλαουφ(홀라우프ㅎ)

[υι] ἁυιν(아윈-) υἰναρα(위-나라) υἱλκεα(휠-케아)

*υ는 짧게 (위)로 발음하고 υι는 길게 (위-)로 발음한다.

αἰδιος 아이디오스	αἰδιοψ 아이디옾스
δικαιος 디카이오스	Αἰγυπτος **아**이귀프토스
εἰρηνη 에이레-네-	εἱς 헤이스
ἐπικειμαι 에피케이마이	εἱλισσω 헤일리쏘
οἰκεω 오이케오-	οἰκτειρω 오이크테이로-
ποιμαινω 포이마이노	συστοιχεω 쉬스토이케오
εὐλογεω 율로게오	εὑρισκω 휴리스코
Εὐφρατης **유**프라테스	πορευομαι 포류오마이
οὐρανος 우라노스	οὑτος 후토스
λειτουγος 레이투르고스	λοιπου 로이푸
υἱοθεσια 휘-오데ㅎ시아	υἱος 휘-오스
εἰδωλον 에이돌-론	ἐκπορνευω 에크포르뉴오-
Ἰησους 이에-수스	εἰσακουω 에이사쿠오
οἰκουμενη 오이쿠메네-	εὐψυχεω 휴프쉬케오-
οἱος 호이오스	αἰσχυνη 아이스퀴ㅎ네-

⊡연습문제

아래 헬라어를 읽고 우리말로 음역하라(*답은 앞 페이지에)

αἰδιος	αἰδιοψ
δικαιος	Αἰγυπτος
εἰρηνη	εἰς
ἐπικειμαι	εἰλισσω
οἰκεω	οἰκτειρω
ποιμαινω	συστοιχεω
εὐλογεω	εὑρισκω
Εὐφρατης	πορευομαι
οὐρανος	οὑτος
λειτουγος	λοιπου
υἰοθεσια	υἰος
εἰδωλον	ἐκπορνευω
Ἰησους	εἰσακουω
οἰκουμενη	εὐψυχεω
οιος	αἰσχυνη

14
특별한 자음 발음하기

헬라어에는 특별하게 발음이 되는 자음이 있다.

ρ는 단어의 처음에 올 때는 ῥ로 쓰고 (흐르)으로 발음한다

γ는 γ, κ, χ, ξ 앞에서는 (ㅇ)으로 발음한다.

(ῥ)로 시작하는 단어 발음하기

ῥημα(흐레마) Ῥοβοαμ(**흐**로보암)

ῥιζα(흐리자) Ῥοδος(**흐**로도스)

(γ)가 있는 특별단어 발음하기

(γγ) ἀγγορα(앙고라) καγγορου(캉고루)

(γκ) ἀγκαλζιδα(앙칼지다) ἀγκωλ(앙콜-)

(γχ) ἀγχουμ(앙쿰ㅎ) δαγχη(당케ㅎ-)

(γξ) σφιγξ(스핑ㅎ크스) ἐγξους(엥쿠스)

(헬라어 구두점)

≪(;)물음표≫ ≪(·)영어의 세미콜론이나 콜론≫ ≪(.)마침표≫ ≪(,)쉼표≫

(헬라어 액센트)

헬라어 액센트에는 에큐트(´), 그레이브(`), 서컴플렉스(ˆ)가 있다.

헬라어 엑센트는 음악적인 고저, 강약을 나타낸다.

*헬라어 액센트는 성경을 보는 데 별로 문제가 안 되므로 간과해도 된다.

☂ 특별한 자음이 있는 헬라어 발음

ἀγκαλη 앙칼레-	ἀγκιστορν 앙키스토른
ἀναγκη 아낭케-	ἀναγκαστως 아낭카스토-스
ἐγγυς 엥귀스	ἐγγραφω 엥그라포ㅎ
ἐγγιζω 엥기조-	ἐγγυος 엥귀오스
ἐλεγχω 엘렝코ㅎ-	ἐλεγξις 엘렝크시스
λογχη 롱케ㅎ-	συστοιχεω 쉬스토이케ㅎ오-
σπλαγχνον 스플랑크ㅎ논	συγκαλεω 슁칼레오-
συγκαμπρω 슁캄프로-	συγγνωμη 슁그노-메-
συγγνεια 슁그네이아	συνκυρια 슁퀴리아
συνχεω 슁케ㅎ오-	συγκλειω 슁클레이오-
φθογγος 프ㅎ동ㅎ고스	φθεγγομαι 프ㅎ뎅ㅎ고마이
ἀγκυρα 앙퀴라	ἐλεγχος 엘렝코ㅎ스
σπογγος 스퐁고스	συγκαθεμαι 슁카데ㅎ마이
συγχραομαι 슁크ㅎ라오마이	συγκομιζω 슁코미조-
ἀναγκαιος 아낭카이오스	ἀναγκαζω 아낭카조-

□연습문제

아래 헬라어를 읽고 우리말로 음역하라(*답은 앞 페이지에)

ἀγκαλη	ἀγκιστορν
ἀναγκη	ἀναγκαστως
ἐγγυς	ἐγγραφω
ἐγγιζω	ἐγγυος
ἐλεγχω	ἐλεγξις
λογχη	συστοιχεω
σπλαγχνον	συγκαλεω
συγκαμπρω	συγγνωμη
συγγνεια	συνκυρια
συνχεω	συγκλειω
φθογγος	φθεγγομαι
ἀγκυρα	ἐλεγχος
σπογγος	συγκαθεμαι
συγχραομαι	συγκομιζω
ἀναγκαιος	ἀναγκαζω

{제2장}

헬라어 성경
읽고 쓰기

15
요한복음 1:1-4

Ἐν ἀρχη ἠν ὁ λογος, και ὁ λογος
엔   아르케ㅡ 엔 호 로고스 카이 호 로고스

ἠν προς τον θεον, και θεος ἠν ὁ
엔 프로스 톤 데ㅎ온 카이 데ㅎ오스 엔 호

λογος. οὑτος ἠν ἑν ἀρχη προς τον
로고스   후토스 엔 엔 아르케ㅡ 프로스 톤

θεον. παντα δι᾽ αὑτου ἑγενετο,
데ㅎ온   판타   디 아우투   에게네토

και χωρις αὑτου ἑγενετο οὑδε ἑν ὁ
카이 코ㅎ리스 아우투   에게네토   우데 엔 호

γεγονεν. ἑν αὑτω ζωη ἠν, και ἡ
게고넨   엔 아우토ㅡ 조에ㅡ 엔 카이 헤ㅡ

ζωη ἠν το φως των ἀνθρωπων·
조에ㅡ 엔ㅡ 토 포ㅎ스 톤ㅡ   안드ㅎ로ㅡ폰ㅡ

·연습문제(1)

아래 헬라어를 읽고 우리말로 음역하라(*답은 앞 페이지에)

Ἐν	ἀρχη	ἠν	ὁ	λογος
και	ὁ	λογος	ἠν	προς
τον	θεον	και	θεος	ἠν
ὁ	λογος	οὑτος	ἠν	ἐν
ἀρχη	προς	τον	θεον	παντα
δι’	αὑτου	ἐγενετο	και	χωρις
αὑτου	ἐγενετο	οὑδε	ἑν	ὁ
γεγονεν	ἐν	αὑτω	ζωη	ἠν
και	ἡ	ζωη	ἠν	το
φως	των	ἀνθρωπων		

□연습문제(2)

아래 우리말을 헬라어로 바꾸라(*답은 앞 페이지에)

엔	아르케흐-	엔-	호	로고스
카이	호	로고스	엔-	프로스
톤	데흐온	카이	데흐오스	엔-
호	로고스	후토스	엔-	엔
아르케흐-	프로스	톤	데흐온	판타
디	아우투	에게네토	카이	코흐-리스
아우투	에게네토	우데	엔	호
게고넨	엔	아우토-	조-에-	엔-
카이	헤-	조-에-	엔-	토
포흐-스	톤-	안드흐로-폰-		

16
로마서 1:8-9

Πρωτον μεν εὐχαριστω τω θεω
프로-톤　　멘　　유카흐리스토-　　토-　데흐오-

μου δια Ἰησου Χριστου περι παντων
무　디아　**이**에-수　　**ㅋㅎ**리스투　　페리　　판톤-

ὑμων ὁτι ἡ πιστις ὑμων καταγγελλεται
휘몬-　호티　헤-　피스티스　휘몬-　　카탕겔레타이

ἐν ὁλω τω κοσμω. μαρτυς γαρ μου
엔　홀로-　토-　코스모-　　마르튀스　가르　무

ἐστιν ὁ θεος, ὡ λατρευω ἐν τω
에스틴　호　데흐오스　호-　라트류오-　엔　토-

πνευματι μου ἐν τω εὐαγγελιω του
프뉴마티　무　엔　토-　유앙겔리오-　투

υἱου αὐτου, ὡς ἀδιαλειπτως μνειαν
휘-우　아우투　　호-스　아디알레이프토-스　므네이안

ὑμων ποιουμαι
휘몬-　포이우마이

□연습문제(1)

아래 헬라어를 읽고 우리말로 음역하라(*답은 앞 페이지에)

Πρωτον	μεν	εὐχαριστω	τω	θεω
μου	δια	Ἰησου	Χριστου	ὑμων
περι	παντων	ὁτι	ἡ	πιστις
ὑμων	καταγγελλεται		ἐν	ὁλω
τω	κοσμω	μαρτυς	γαρ	μου
ἐστιν	ὁ	θεος	ᾡ	λατρευω
ἐν	τω	πνευματι	μου	ἐν
τω	εὐαγγελιω		του	υἱου
αὐτου	ὡς	ἀδιαλειπτως		μνειαν
ὑμων	ποιουμαι			

□연습문제(2)

아래 우리말을 헬라어로 바꾸라(*답은 앞 페이지에)

프로-톤	멘	유카흐리스토-	토-	데오-
무	디아	**이**에-수	**크흐**리스투	휘몬-
페리	판톤-	호티	헤-	피스티스
휘몬-	카탕겔레타이		엔	홀로-
토-	코스모-	마르튀스	가르	무
에스틴	호	데흐오스	호-	라트류오-
엔	토-	프뉴마티	무	엔
토-	유앙겔리오-		투	휘-우
아우투	호-스	아디알레이프토-스		므네이안
휘몬-	포이우마이			

17
고린도전서 16:16-18

ἵνα καὶ ὑμεῖς ὑποτασσησθε τοις
히나 카이 휘메이스 휘포타쎄스데ᇹ 토이스

τοιουτοις καὶ παντι τω συνεργουντι
토이우토이스 카이 판티 토- 쉬네르군티

καὶ κοπωντι. χαιρω δε ἐπι τη παρουσια
카이 코피온-티 카ᇹ이로- 데 에피 테- 파루시아

καὶ φορτουνατου καὶ Ἀχαικου, ὁτι
카이 포ᇹ르투나투 카이 **아**카ᇹ이쿠 호티

του ὑμετερον ὑστερημα ουτοι
투 휘메테론 휘스테레-마 후토이

ἀνεπληρωσαν· ἀνεπαυσαν γαρ το ἐμον.
아네플레-로-산 아네파우산 가르 토 에몬

πνευμα καὶ το ὑμων. ἐπιγινωσκετε
프뉴마 카이 토 휘몬- 에피기노-스케테

ουν τους τοιουτους.
운 투스 토이우투스

·연습문제(1)

아래 헬라어를 읽고 우리말로 음역하라(*답은 앞 페이지에)

ἵνα	καὶ	ὑμεῖς	ὑποτασσησθε	

τοῖς	τοιουτοις		καὶ	παντι

τω	συνεργουντι		καὶ	κοπιωντι

χαιρω	δὲ	ἐπι	τη	παρουσια

καὶ	φορτουνατου		καὶ	Ἀχαικου

ὅτι	του	ὑμετερον	ὑστερημα	

οὗτοι	ἀνεπληρωσαν		ἀνεπαυσαν	

γαρ	το	ἐμον	πνευμα	καὶ

το	ὑμων	ἐπιγινωσκετε		οὖν

τους	τοιουτους	

⬚'연습문제(2)

아래 우리말을 헬라어로 바꾸라(*답은 앞 페이지에)

히나	카이	휘메이스	휘포타쎄스데흥	

토이스	토이우토이스		카이	판티

토-	쉬네르군티		카이	코피온-티

카흥이로-	데	에피	테-	파루시아

카이	포흐르투나투		카이	**아**카흥이쿠

호티	투	휘메테론	휘스테레-마	

후토이	아네플레-로-산		아네파우산	

가르	토	에몬	프뉴마	카이

토	휘몬-	에피기노-스케테		운

투스	토이우투스			

18
마태복음 22:6-8

οἱ δε λοιποι κρατησαντες τους
호이 데 로이포이   크라테-산테스   투스

δουλους αὐτου ὑβρισαν και ἀπεκτειναν.
둘루스   아우투   휘브리산   카이   아페크테이난

ὁ δε βασιλευς ὠργισθη και πεμψας τα
호 데   바실류스   오-르기스데흐-   카이   펨프사스   타

στρατευματα αὐτου ἀπωλεσεν τους
스트라튜마타   아우투   아폴-레센   투스

φονεις ἐκεινους και την πολιν αὐτων
포흐네이스   에케이누스   카이   텐-   폴린   아우톤-

ἐνετρεσεν. τοτε λεγει τοις δουλοις
에네트레센   토테   레게이   토이스   둘로이스

αὐτου, Ὁ μεν γαμος ἑτοιμος ἐστιν,
아우투   호   멘   가모스   에토이모스   에스틴

οἱ δε κεκλημενοι οὐκ ἠσαν ἀξιοι·
호이 데   케클레-메노이   우크   에-산   악시오이

⊡연습문제(1)

아래 헬라어를 읽고 우리말로 음역하라(*답은 앞 페이지에)

οἱ	δε	λοιποι	κρατησαντες	

τους	δουλους	αὐτου	ὑβρισαν	και

ἀπεκτειναν		ὁ	δε	βασιλευς

ὠργισθη	και	πεμψας	στρατευματα	

αὐτου	ἀπωλεσεν	τους	φονεις	

ἐκεινους	και	την	πολιν	αὐτων

ἐνετρεσεν	τοτε	λεγει	τοις	

δουλοις	αὐτου	Ὁ	μεν	γαμος

ἑτοιμος	ἐστιν	οἱ	κεκλημενοι	

οὐκ	ἠσαν	ἀξιοι		

⬚연습문제(2)

아래 우리말을 헬라어로 바꾸라(*답은 앞 페이지에)

호이	데	로이포이	크라테-산테스	
투스	둘루스	아우투	휘브리산	카이
아페크테이난		호	데	바실류스
오-르기스뎅-	카이	펨프사스	스트라튜마타	
아우투	아폴-레센		투스	퐇네이스
에케이누스	카이	텐-	폴린	아우톤-
에네트레센		토테	레게이	토이스
둘로이스	아우투	**호**	멘	가모스
에토이모스	에스틴	호이	케클레-메노이	
우크	에-산	악시오이		

19
사도행전 4:7-9

καὶ στησαντες αὐτους ἐν τω μεσω
카이　스테-산테스　　　아우투스　엔　토-　메소-

ἐπυνθανοντο, Ἐν ποια δυναμει ἡ ἐν
에퓐다흐논토　　　**엔**　포이아　뒤나메이　에-　엔

ποιω ὀνοματι ἐποιησατε τουτο ὑμεις;
포이오-　오노마티　에포이에-사테　　투토　휘메이스

τοτε Πετρος πλησθεις πνευματος ἁγιου
토테　**페트로스**　플레-스데흐이스　프뉴마토스　　하기우

εἰπεν προς αὐτους, Ἀρχοντες του
에이펜　프로스　아우투스　**아**르콘흐테스　투

λαου και πρεσβυτεροι, εἰ ἡμεις σημερον
라우　카이　프레스뷔테로이　에이　헤-메이스　세-메론

ἀνακρινομεθα ἐπι εὐεργεσια ἀνθρωπου
아나크리노메다흐　　에피　유에르게시아　　안드흐로-푸

ἀσθενους ἐν τινι οὑτος σεσωται,
아스데흐누스　엔　티니　후토스　세소-타이

⊡ 연습문제(1)

아래 헬라어를 읽고 우리말로 음역하라(*답은 앞 페이지에)

καὶ	στησαντες	αὐτους	ἐν

τω	μεσω	ἐπυνθανοντο	Ἐν

ποια	δυναμει	ἠ	ἐν	ποιω

ὀνοματι	ἐποιησατε	τουτο	ὑμεις

τοτε	Πετρος	πλησθεις	πνευματος

ἁγιου	εἰπεν	προς	αὐτους	του

Ἀρχοντες	λαου	πρεσβυτεροι

εἰ	ἡμεις	σημερον	ἀνακρινομεθα

ἐπι	εὐεργεσια	ἀνθρωπου

ἀσθενους	τινι	οὑτος	σεσωται

☐ 연습문제(2)

아래 우리말을 헬라어로 바꾸라(*답은 앞 페이지에)

카이	스테-산테스		아우투스	엔

토-	메소-	에퓐다ㅎ논토		**엔**

포이아	뒤나메이	에-	엔	포이오-

오노마티	에포이에-사테		투토	휘메이스

토테	**페트로스**	플래-스데ㅎ이스	프뉴마토스	

하기우	에이펜	프로스	아우투스	투

아르콘ㅎ테스		라우	프레스뷔테로이	

에이	헤-메이스	세-메론	아나크리노메다ㅎ	

에피	유에르게시아		안드ㅎ로-푸	

아스데ㅎ누스		티니	후토스	세소-타이

20
에베소서 3:17-19

κατοικησαι τον Χριστον δια της
카토이케-사이 톤 **크ㅎ**리스톤 디아 테-스

πιστεως ἐν ταις καρδιαις ὑμων, ἐν
피스테오-스 엔 타이스 카르디아이스 휘몬- 엔

ἀγαπη ἐρριζωμενοι και τεθεμελιωμενοι,
아가페- 에르리조-메노이 카이 테데ㅎ멜리오-메노이

ἱνα ἐξισχυσητε καταλαβεσθαι συν πασιν
히나 엑시스퀴ㅎ세-테 카탈라베스다ㅎ이 쉰 파신

τοις ἀγιοις τι το πλατος και μηκος
토이스 하기오이스 티 토 플라토스 카이 메-코스

και ὑψος και βαθος, γνωναι τε την
카이 휲소스 카이 바도ㅎ스 그노-나이 테 텐-

ὑπεβαλλουσαν της γνωσεως ἀγαπην
휘페발루산 테-스 그노-세오-스 아가펜-

του Χριστου, ἱνα πληρωθητε εἰς παν
투 **크ㅎ**리스투 히나 플레-로-데ㅎ-테 에이스 판

το πληρωμα του θεου.
토 플레-로-마 투 데ㅎ우

□ 연습문제(1)

아래 헬라어를 읽고 우리말로 음역하라(*답은 앞 페이지에)

κατοικησαι		τον	Χριστον	δια

της	πιστεως	ἐν	ταις	καρδιαις

ὑμων	ἀγαπη	ἐρριζωμενοι		και

τεθεμελιωμενοι		ἱνα	ἐξισχυσητε	

καταλαβεσθαι		συν	πασιν	τοις

ἀγιοις	τι	πλατος	και	μηκος

ὑψος	βαθος	γνωναι	τε	την

ὑπεβαλλουσαν		της	γνωσεως	

ἀγαπην	Χριστου	ἱνα	πληρωθητε	

εἰς	παν	πληρωμα	του	θεου

□연습문제(2)

아래 우리말을 헬라어로 바꾸라(*답은 앞 페이지에)

카토이케-사이		톤	**크ㅎ리스톤**	디아
테-스	피스테오-스	엔	타이스	카르디아이스
휘몬-	아가페-	에르리조-메노이		카이
테데ㅎ멜리오-메노이		히나	엑시스퀴ㅎ세-테	
카탈라베스다ㅎ이		쉰	파신	토이스
하기오이스	티	플라토스	카이	메-코스
휲소스	바도ㅎ스	그노-나이	테	텐-
휘페발루산		테-스	그노-세오-스	
아가펜-	크ㅎ리스투	히나	플레-로-데ㅎ-테	
에이스	판	플레-로-마	투	데ㅎ우

21
야고보서 5:6-8

κατεδικασατε, ἐφονευσατε τον δικαιον,
카테디카사테　　　에포뉴사테　　　톤　　디카이온

οὐκ ἀντιτασσεται ὑμιν. Μακροθυμησατε
우크　　안티타쎄타이　　휘민　　마크로뒤흐메-사테

οὐν, ἀδελφοι, ἑως της παρουσιας του
운　　아델포흐이　　헤오-스 테-스　파루시아스　　투

κυριου. ἰδου ὁ γεωργος ἐκδεχεται τον
퀴리우　　이두　호　게오-르고스　에크데케흐타이　톤

τιμιον καρπον της γης μακροθυμων
티미온　　카르폰　　테스　게-스　마크로뒤흐몬-

ἐπ’ αὐτω ἑως λαβη προιμον και ὀψιμον.
에프　아우토-　헤오-스　라베-　프로이몬　　카이　옵시몬

μακροθυμησατε και υμεις, στηριξατε
마크로뒤메-사테　　카이　휘메이스　스테릭사테

τας καρδιας ὑμων, ὁτι ἡ παρουσια του
타스　카르디아스　휘몬-　호티　헤-　파루시아　　투

κυριου ἠγγικεν.
퀴리우　엥-기켄

□·연습문제(1)

아래 헬라어를 읽고 우리말로 음역하라(*답은 앞 페이지에)

κατεδικασατε		ἐφονευσατε		τον
δικαιον	οὐκ	ἀντιτασσεται		ὑμιν
Μακροθυμησατε		οὐν	ἀδελφοι	ἑως
της	παρουσιας		του	κυριου
ἰδου	γεωργος	ἐκδεχεται	τιμιον	καρπον
γης	μακροθυμων		αὐτω	ἑως
λαβη	προιμον	ὀψιμον	μακροθυμησατε	
και	ὑμεις	στηριξατε		τας
καρδιας	ὑμων	ὁτι	ἡ	κυριου
παρουσια		ἠγγικεν		

⬚연습문제(2)

아래 우리말을 헬라어로 바꾸라(*답은 앞 페이지에)

카테디카사테		에포흐뉴사테		톤
디카이온	우크	안티타쎄타이		휘민
마크로뒤흐메-사테		운	아델포흐이	헤오-스
테-스	파루시아스		투	퀴리우
이두	게오-르고스	에크데케흐타이	티미온	카르폰
게-스	마크로뒤흐몬-		아우토-	헤오-스
라베-	프로이몬	옾시몬	마크로뒤흐메-사테	
카이	휘메이스	스테릭사테		타스
카르디아스	휘몬-	호티	헤-	퀴리우
파루시아		엥-기켄		

22
베드로전서 1:8-10

ὃν οὐκ ἰδόντες ἀγαπατε, εἰς ὃν ἀρτι
혼 우크 이돈테스 아가파테 에이스 혼 아르티

μη ὁρωντες πιστευοντες δε ἀγαλλιασθε
메- 호론-테스 피스튜온테스 데 아갈리아스데흐

χαρα ἀνεκλαλητω και δεδοξασμενη
카흐라 아네클랄레-토- 카이 데독사스메네-

κομιζομενοι το τελος της πιστεως
코미조메노이 토 텔로스 테-스 피스테오-스

ὑμων σωτηριαν ψυχων. Περι ἡς
휘몬- 소-테-리안 프쉬콘흐- **페**리 헤-스

σωτηριας ἐξεζητησαν και ἐξηραυνησαν
소-테-리아스 엑세제-테-산 카이 엑세-라우네-산

προφηται οἱ περι της εἰς ὑμας χαριτος
프로데흐-타이 호이 페리 테-스 에이스 휘마스 카흐리토스

προφητευσαντες,
프로페흐-튜산테스

□연습문제(1)

아래 헬라어를 읽고 우리말로 음역하라(*답은 앞 페이지에)

ὅν	οὐκ	ἰδοντες	ἀγαπατε	εἰς

ἀρτι	μη	ὁρωντες	πιστευοντες	

δε	ἀγαλλιασθε	χαρα	και

ἀνεκλαλητω	δεδοξασμενη	το

κομιζομενοι	τελος	της	πιστεως

ὑμων	σωτηριαν	ψυχων	Περι

ἡς	σωτηριας	ἐξεζητησαν	και

ἐξηραυνησαν	προφηται	οἱ

περι	της	εἰς	ὑμας	χαριτος

προφητευσαντες			

□ 연습문제(2)

아래 우리말을 헬라어로 바꾸라(*답은 앞 페이지에)

혼	우크	이돈테스	아가파테	에이스

아르티	메-	호론-테스	피스튜온테스	

데	아갈리아스데응		카응라	카이

아네클랄레-토-		데독사스메네-		토

코미조메노이		텔로스	테-스	피스테오-스

휘몬-	소-테-리안		프쉬콘응-	**페리**

헤-스	소-테-리아스	엑세제-테-산		카이

엘세-라우네-산		프로페응-타이		호이

페리	테-스	에이스	휘마스	카응리토스

프로페응-튜산테스				

23
디모데전서 5:20-22

τους ἁμαρτανοντας ἐνωπιον παντων
투스　　하마르타논타스　　에노-피온　　판톤-

ἐλεγχε, ἱνα και οἱ λοιποι φοβον ἐχωσιν.
엘렝케ㅎ　히나　카이　호이　로이포이　포ㅎ본　에코ㅎ-신

Διαμαρτυρομαι ἐνωπιον του θεου και
디아마르튀로마이　　에노-피온　투　데ㅎ우　카이

Χριστου Ἰησου και των ἐκλεκτων
크ㅎ리스투　**이**에수　카이　톤-　에클레크톤-

ἀγγελων, ἱνα ταυτα φυλαξης χωρις
앙겔론-　　히나　타우타　퓔ㅎ락세-스　코ㅎ-리스

προκριματος, μηδεν ποιων κατα
프로크리마토스　　메-덴　포이온-　카타

προσκλισιν. Χειρας ταχεως μηδενι
프로스클리신　　**케**ㅎ이라스　타케ㅎ오-스　메-데니

ἐπιτιθει μηδε κοινωνει ἁμαρτιαις
에피티데ㅎ이　메-데　코이노-네이　하마르티아이스

ἀλλοτριαις· σεαυτον ἁγνον τηρει.
알로트리아이스　세아우톤　하그논　테-레이

·연습문제(1)

아래 헬라어를 읽고 우리말로 음역하라(*답은 앞 페이지에)

τους	ἁμαρτανοντας	ἐνωπιον	παντων

ἐλεγχε	ἱνα	λοιποι	φοβον	ἐχωσιν

Διαμαρτυρομαι	ἐνωπιον	του	θεου

Χριστου	Ἰησου	και	των

ἐκλεκτων	ἀγγελων	ἱνα	ταυτα

φυλαξης	χωρις	προκριματος	μηδεν

ποιων	κατα	προσκλισιν	Χειρας

ταχεως	μηδενι	ἐπιτιθει	μηδε

κοινωνει	ἁμαρτιαις	ἀλλοτριαις

σεαυτον	ἀγνον	τηρει

□ 연습문제(2)

아래 우리말을 헬라어로 바꾸라(*답은 앞 페이지에)

투스	하마르타논타스		에노-피온	판톤-
엘렝케ㅎ	히나	로이포이	포ㅎ본	에코ㅎ-신
ㄷ아마르튀로마이	에노-피온		투	데ㅎ우
ㅋㅎ리스투	**이**에수		카이	톤-
에클레크톤-	앙겔론-		히나	타우타
퓔ㅎ락세스	코ㅎ-리스	프로크리마토스		메-덴
포이온-	카타	프로스클리신		**ㅋ**ㅎ이라스
타케ㅎ오스	메-데니	에피티데ㅎ이		메-데
코이노-네이	하마르티아이스		알로트리아이스	
세아우톤	하그논	테-레이		

24
계시록 1:15-16

και οἱ ποδες αὐτου ὁμοιοι χαλκολιβανω
카이 호이 포데스 아우투 호모이오이 칼ㅎ콜리바노-

ὡς ἐν καμινω πεπυρωμενης και ἡ φωνη
호스 엔 카미노- 페퓌로-메네-스 카이 헤- 포ㅎ네-

αὐτου ὡς φωνη ὑδατων πολλων, και ἐχων
아우투 호-스 포ㅎ네- 휘다톤- 폴론- 카이 에콘ㅎ-

ἐν τη δεξια χειρι αὐτου ἀστερας ἑπτα
엔 테- 델시아 케ㅎ이리 아우투 아스테라스 헤프타

και ἐκ του στοματος αὐτου ρομφαια
카이 에크 투 스토마토스 아우투 흐롬파ㅎ이아

διστομος ὀξεια ἐκπορευομενη και ἡ
디스토모스 옥세이아 에크포류오메네- 카이 헤-

ὀψις αὐτου ὡς ὁ ἡλιος φαινει ἐν τη
옾시스 아우투 호-스 호 헬-리오스 파ㅎ이네이 엔 테-

δυναμει αὐτου
뒤나메이 아우투

□연습문제(1)

아래 헬라어를 읽고 우리말로 음역하라(*답은 앞 페이지에)

καὶ	οἱ	ποδες	αὐτου	ὁμοιοι

χαλκολιβανω		ὡς	ἐν	καμινω

πεπυρωμενης		ἡ	φωνη	αὐτου

ὑδατων	πολλων	ἐχων	τη	δεξια

χειρι	ἀστερας	ἑπτα	ἐκ	του

στοματος		ῥομφαια		διστομος

αὐτου	ὀξεια	ἐκπορευομενη		ὀψις

ὡς	ὁ	ἡλιος	φαινει	δυναμει

☐ 연습문제(2)

아래 우리말을 헬라어로 바꾸라(*답은 앞 페이지에)

카이	호이	포데스	아우투	호모이오이

칼흐콜리바노-		호-스	엔	카미노-

페퓌로-메네-스		헤-	포흐-네-	아우투

휘다톤-	폴론-	에콘흐-	테-	덱시아

케흐이리	아스테라스	헤프타	에크	투

스토마토스		흐롬파흐이아		디스토모스

아우투	옥세이아	에크포류오메네-		욮시스

호-스	호	헬-리오스	파흐이네이	뒤나메이

{제3장}

헬라어 중요단어
360 암기노트

25
200번 이상 나오는 단어(1)

단어	발음	품사	뜻
ὁ, ἡ, το	호, 헤-, 토	관사	정관사(남성,여성,중성)
θεος	데흐오스	남성명사	하나님(신)
λογος	로고스	남성명사	말(말씀)
κυριος	퀴리오스	남성명사	주(주인)
ἀδελφος	아델포흐스	남성명사	형제
ἀνθρωπος	안드흐로-포스	남성명사	사람
οὐρανος	우라노스	남성명사	하늘
γη	게-	여성명사	땅
ἡμερα	헤-메라	여성명사	날, 낮, 하루
ἀνηρ	아네-르	남성명사	남자, 남편
γυνη	귀네-	여성명사	여자, 아내
πατηρ	파테-르	남성명사	아버지
μαθητης	마데흐-테-스	남성명사	제자
ὀνομα	오노마	중성명사	이름
πνευμα	프뉴마	중성명사	영

□·연습문제(1)

헬라어를 우리말로 음역하고 뜻을 기록하라.

단어	발음	뜻
ὁ, ἡ, το		
θεος		
λογος		
κυριος		
ἀδελφος		
ἀνθρωπος		
οὐρανος		
γη		
ἡμερα		
ἀνηρ		
γυνη		
πατηρ		
μαθητης		
ὀνομα		
πνευμα		

□ 연습문제(2)

아래 우리말로 된 헬라어를 원어로 바꾸고 뜻을 기록하라.

우리말	헬라어	뜻
호, 헤-, 토		
데ㅎ오스		
로고스		
퀴리오스		
아델포ㅎ스		
안드ㅎ로-포스		
우라노스		
게-		
헤-메라		
아네-르		
귀네-		
파테-르		
마데ㅎ-테-스		
오노마		
프뉴마		

⊡연습문제(3)

아래 우리말을 헬라어로 바꾸고 발음을 기록하라.

우리말	품사	헬라어	발음
정관사(남성,여성,중성)	관사		
하나님(신)	남성명사		
말(말씀)	남성명사		
주(주인)	남성명사		
형제	남성명사		
사람	남성명사		
하늘	남성명사		
땅	여성명사		
날, 낮, 하루	여성명사		
남자, 남편	남성명사		
여자, 아내	여성명사		
아버지	남성명사		
제자	남성명사		
이름	중성명사		
영	중성명사		

26
200번 이상 나오는 단어(2)

단어	발음	품사	뜻
πιστις	피스티스	여성명사	믿음
ἁγιος	하기오스	형용사	거룩한
οὑτος	후토스	지시대명사	이 사람
αὐτος	아우토스	대명사	그 자신(himself)
ἀκουω	아쿠오-	동사	듣다
διδωμι	디도-미	동사	주다
γινωσκω	기노-스코-	동사	알다(관계를 통해)
ἐχω	에코흐-	동사	갖다(have)
θελω	델흐로-	동사	~할거다
ἀποκρινομαι	아포크리노마이	동사	대답하다
γινομαι	기노마이	동사	되다(become)
λαλεω	랄레오-	동사	말하다(speak)
λαμβανω	람바노-	동사	받아들이다
λεγω	레고-	동사	이야기하다(talk)
πιστευω	피스튜오-	동사	믿다

□연습문제(1)

아래 헬라어를 우리말로 음역하고 뜻을 기록하라.

단어	발음	뜻
πιστις		
ἁγιος		
οὑτος		
αὑτος		
ἀκουω		
διδωμι		
γινωσκω		
ἐχω		
θελω		
ἀποκρινομαι		
γινομαι		
λαλεω		
λαμβανω		
λεγω		
πιστευω		

◌̈연습문제(2)

아래 우리말로 된 헬라어를 원어로 바꾸고 뜻을 기록하라.

우리말	헬라어	뜻
피스티스		
하기오스		
후토스		
아우토스		
아쿠오-		
디도-미		
기노-스코-		
에코흐-		
델흐로-		
아포크리노마이		
기노마이		
랄레오-		
람바노-		
레고-		
피스튜오-		

⊡연습문제(3)

아래 우리말을 헬라어로 바꾸고 발음을 기록하라.

우리말	품사	헬라어	발음
믿음	여성명사		
거룩한	형용사		
이 사람	지시대명사		
그 자신	대명사		
듣다	동사		
주다	동사		
알다(관계를 통해)	동사		
갖다	동사		
~할거다	동사		
대답하다	동사		
되다(become)	동사		
말하다(speak)	동사		
받아들이다	동사		
이야기하다(talk)	동사		
믿다	동사		

27
200번 이상 나오는 단어(3)

단어	발음	품사	뜻
ποιεω	포이에오-	동사	행하다
δυναμαι	뒤나마이	동사	할 수 있다
ἐρχομαι	에르코ㅎ마이	동사	오다, 가다
ἐγω	에고-	대명사	나
συ	쉬	대명사	너
ἀπο(+소유격)	아포	전치사	~로 부터(from)
ἐκ(+소유격)	에크	전치사	~의 밖으로(out of)
ἐν(+여격)	엔	전치사	안에(in)
εἰς(+목적격)	에이스	전치사	안으로(into)
δια(+소유격)	디아	전치사	~를 통하여
δια(+목적격)	디아	전치사	~ 때문에(인하여)
και	카이	접속사	그리고
ἀλλα	알라	접속사	그러나
γαρ	가르	접속사	왜냐하면
δε	데	접속사	하지만, 그런데

□ 연습문제(1)

아래 헬라어를 우리말로 음역하고 뜻을 기록하라.

단어	발음	뜻
ποιεω		
δυναμαι		
ἐρχομαι		
ἐγω		
συ		
ἀπο(+소유격)		
ἐκ(+소유격)		
ἐν(+여격)		
εἰς(+목적격)		
δια(+소유격)		
δια(+목적격)		
και		
ἀλλα		
γαρ		
δε		

☐ 연습문제(2)

아래 우리말로 된 헬라어를 원어로 바꾸고 뜻을 기록하라.

우리말	헬라어	뜻
포이에오-		
뒤나마이		
에르코흥마이		
에고-		
쉬		
아포(+소유격)		
에크(+소유격)		
엔(+여격)		
에이스(+목적격)		
디아(+소유격)		
디아(+목적격)		
카이		
알라		
가르		
데		

⊡연습문제(3)

아래 우리말을 헬라어로 바꾸고 발음을 기록하라.

우리말	품사	헬라어	발음
행하다	동사		
할 수 있다	동사		
오다, 가다	동사		
나	대명사		
너	대명사		
~로부터(from)	전치사		
~의 밖으로(out of)	전치사		
~안에(in)	전치사		
~안으로(into)	전치사		
~를 통하여	전치사		
~ 때문에(인하여)	전치사		
그리고	접속사		
그러나	접속사		
왜냐하면	접속사		
하지만, 그런데	접속사		

28
200번 이상 나오는 단어(4)

단어	발음	품사	뜻
εἷς	헤이스	형용사	하나(one)
πας	파스	형용사	모든(all, every)
πολυς	폴뤼스	형용사	많은(many)
κατα(+목적격)	카타	전치사	~에 따라서
κατα(+소유격)	카타	전치사	~아래로(내려가다), ~와 맞서서
μετα(+소유격)	메타	전치사	~와 함께
περι(+소유격)	페리	전치사	~에 관하여
ὑπο(+소유격)	휘포	전치사	~에 의하여
ἐπι(+여격)	에피	전치사	~위에(on)
προς(+목적격)	프로스	전치사	~를 향하여(toward)
εἰ	에이	접속사	만일(가능성이 높을 때)
ἐάν	에안	접속사	만일(가능성이 낮을 때)
μη	메-	부사	아니다(약한 부정)
οὐ, ουκ, ουχ	우,우크,우크ㅎ	부사	아니다(강한 부정)
ὁτι	호티	접속사	~라는 것(명사절접속사)

□연습문제(1)

아래 헬라어를 우리말로 음역하고 뜻을 기록하라.

단어	발음	뜻
εἱς		
πας		
πολυς		
κατα(+목적격)		
κατα(+소유격)		
μετα(+소유격)		
περι(+소유격)		
ὑπο(+소유격)		
ἐπι(+여격)		
προς(+목적격)		
εἰ		
ἐαν		
μη		
οὐ, ουκ, ουχ		
ὁτι		

□연습문제(2)

아래 우리말로 된 헬라어를 원어로 바꾸고 뜻을 기록하라.

우리말	헬라어	뜻
헤이스		
파스		
폴뤼스		
카타(+목적격)		
카타(+소유격)		
메타(+소유격)		
페리(+소유격)		
휘포(+소유격)		
에피(+목적격)		
프로스(+목적격)		
에이		
에안		
메-		
우, 우크, 우크ㅎ		
호티		

⊡연습문제(3)

아래 우리말을 헬라어로 바꾸고 발음을 기록하라.

우리말	품사	헬라어	발음
하나(one)	형용사		
모든(all, every)	형용사		
많은(many)	형용사		
~에 따라서	전치사		
~아래로(내려가다), ~와 맞서서	전치사		
~와 함께	전치사		
~에 관하여	전치사		
~에 의하여	전치사		
~위에(on)	전치사		
~를 향하여(toward)	전치사		
만일(가능성이 높을 때)	접속사		
만일(가능성이 낮을 때)	접속사		
아니다(약한 부정)	부사		
아니다(강한 부정)	부사		
~라는 것(명사절접속사)	접속사		

29
100번 이상 나오는 단어(1)

단어	발음	품사	뜻
ἀγγελος	앙겔로스	남성명사	사신, 천사
δουλος	둘로스	남성명사	종(노예)
θανατος	다하나토스	남성명사	죽음
κοσμος	코스모스	남성명사	세상
λαος	라오스	남성명사	민족
νεκρος	네크로스	형용사	죽은(상태)
ἀγαπη	아가페-	여성명사	사랑
ἀληθεια	알레-데흐이아	여성명사	진리
ἁμαρτια	하마르티아	여성명사	죄
βασιλεια	바실레이아	여성명사	왕국
δοξα	독사	여성명사	영광
ἐκκλησια	엑클레-시아	여성명사	교회
ὡρα	호-라	여성명사	(짧은)시간, 잠깐
ἐξουσια	엑수시아	여성명사	권세, 권위
νομος	노모스	남성명사	법

□ 연습문제(1)

아래 헬라어를 우리말로 음역하고 뜻을 기록하라.

단어	발음	뜻
ἀγγελος		
δουλος		
θανατος		
κοσμος		
λαος		
νεκρος		
ἀγαπη		
ἀληθεια		
ἀμαρτια		
βασιλεια		
δοξα		
ἐκκλησια		
ὡρα		
ἐξουσια		
νομος		

⊡연습문제(2)

아래 우리말로 된 헬라어를 원어로 바꾸고 뜻을 기록하라.

우리말	헬라어	뜻
앙겔로스		
둘로스		
다하나토스		
코스모스		
라오스		
네크로스		
아가페-		
알레-데히이아		
하마르티아		
바실레이아		
독사		
엑클레-시아		
호-라		
엑수시아		
노모스		

⊡연습문제(3)

아래 우리말을 헬라어로 바꾸고 발음을 기록하라.

우리말	품사	헬라어	발음
사신, 천사	남성명사		
종(노예)	남성명사		
죽음	남성명사		
세상	남성명사		
민족	남성명사		
죽은(상태)	형용사		
사랑	여성명사		
진리	여성명사		
죄	여성명사		
왕국	여성명사		
영광	여성명사		
교회	여성명사		
(짧은)시간, 잠깐	여성명사		
권세, 권위	여성명사		
법	남성명사		

30
100번 이상 나오는 단어(2)

단어	발음	품사	뜻
ὁδος	호도스	남성명사	길
οἰκος	오이코스	남성명사	집(home)
ὀφθαλμος	오프ㅎ달ㅎ모스	남성명사	눈
ὀχλος	오클ㅎ로스	남성명사	군중
ζωη	조-에-	여성명사	생명
καρδια	카르디아	여성명사	마음(heart)
προφητης	프로페ㅎ-테-스	남성명사	예언자
φωνη	포ㅎ-네-	여성명사	음성(목소리)
ψυχη	푸쉬케ㅎ-	여성명사	혼
ἐργον	에르곤	중성명사	일(work)
ἀγαθος	아가도ㅎ스	형용사	선한, 좋은
ἀλλος	알로스	형용사	(약간)다른
ἡμεις	헤-메이스	대명사	우리
ὑμεις	휘메이스	대명사	너희
δυο	뒤오	형용사	둘(두 개)

□연습문제(1)

아래 헬라어를 우리말로 음역하고 뜻을 기록하라.

단어	발음	뜻
ὁδος		
οἰκος		
ὀφθαλμος		
ὀχλος		
ζωη		
καρδια		
προφητης		
φωνη		
ψυχη		
ἐργον		
ἀγαθος		
ἀλλος		
ἡμεις		
ὑμεις		
δυο		

□연습문제(2)

아래 우리말로 된 헬라어를 원어로 바꾸고 뜻을 기록하라.

우리말	헬라어	뜻
호도스		
오이코스		
오프ㅎ달ㅎ모스		
오클ㅎ로스		
조-에-		
카르디아		
프로페ㅎ-테-스		
포ㅎ-네-		
푸쉬케ㅎ-		
에르곤		
아가도ㅎ스		
알로스		
헤-메이스		
휘메이스		
뒤오		

⬚연습문제(3)

아래 우리말을 헬라어로 바꾸고 발음을 기록하라.

우리말	품사	헬라어	발음
길	남성명사		
집(home)	남성명사		
눈	남성명사		
군중	남성명사		
생명	여성명사		
마음(heart)	여성명사		
예언자	여성명사		
음성(목소리)	여성명사		
혼	중성명사		
일(work)	중성명사		
선한, 좋은	형용사		
(약간)다른	형용사		
우리	대명사		
너희	대명사		
둘(두 개)	형용사		

31
100번 이상 나오는 단어(3)

단어	발음	품사	뜻
αἰων	아이온-	남성명사	시대(age)
ἀρχιερευς	아르키흐에류스	남성명사	대제사장
βασιλευς	바실류스	남성명사	왕
ἐθνος	에드흐노스	남성명사	이방인
σαρξ	사릌스	여성명사	육신
χαρις	카흐리스	여성명사	은혜
ἀγαπαω	아가파오-	동사	사랑하다
δει	데이	동사	반드시 ~ 해야 한다
αἰρω	아이로-	동사	들어올리다
ἐγειρω	에게이로-	동사	깨우다
ἀποθνησκω	아포드흐네-스코-	동사	죽다
ἐσθιω	에스디흐오-	동사	먹다
ἀποστελλω	아포스텔로-	동사	파송하다
εὑρισκω	휴리스코-	동사	발견하다
ἀφιημι	아피흐에-미	동사	떠나게 하다

□연습문제(1)

아래 헬라어를 우리말로 음역하고 뜻을 기록하라.

단어	발음	뜻
αἰων		
ἀρχιερευς		
βασιλευς		
ἐθνος		
σαρξ		
χαρις		
ἀγαπαω		
δει		
αἰρω		
ἐγειρω		
ἀποθνησκω		
ἐσθιω		
ἀποστελλω		
εὑρισκω		
ἀφιημι		

⌐·연습문제(2)

아래 우리말로 된 헬라어를 원어로 바꾸고 뜻을 기록하라.

우리말	헬라어	뜻
아이온-		
아르키ㅎ에류스		
바실류스		
에드ㅎ노스		
사릌스		
카ㅎ리스		
아가파오-		
데이		
아이로-		
에게이로-		
아포드ㅎ네스코-		
에스디ㅎ오-		
아포스텔로-		
휴리스코-		
아피ㅎ에-미		

⊡연습문제(3)

아래 우리말을 헬라어로 바꾸고 발음을 기록하라.

우리말	품사	헬라어	발음
시대(age)	남성명사		
대제사장	남성명사		
왕	남성명사		
이방인	남성명사		
육신	여성명사		
은혜	여성명사		
사랑하다	동사		
반드시 ~ 해야 한다	동사		
들어올리다	동사		
깨우다	동사		
죽다	동사		
먹다	동사		
파송하다	동사		
발견하다	동사		
떠나게 하다	동사		

32
100번 이상 나오는 단어(4)

단어	발음	품사	뜻
ζαω	자오-	동사	살다
ζητεω	제-테오-	동사	찾다, 추구하다
ἱστημι	히스테-미	동사	서다, 세우다
βαλλω	발로-	동사	던지다
βλεπω	블레포-	동사	바라보다
γραφω	그라포ㅎ-	동사	(글을)쓰다
καλεω	칼레오-	동사	부르다
κρινω	크리노-	동사	판단하다
μελλω	멜로-	동사	~하려고 하다
μενω	메노-	동사	머무르다
ὁραω	호라오-	동사	보다(see)
παραδιδωμι	파라디도-미	동사	넘겨주다
παρακαλεω	파라칼레오-	동사	권면하다
πορευομαι	포류오마이	동사	여행하다
σωζω	소-조-	동사	구원하다

·연습문제(1)

아래 헬라어를 우리말로 음역하고 뜻을 기록하라.

단어	발음	뜻
ζαω		
ζητεω		
ἱστημι		
βαλλω		
βλεπω		
γραφω		
καλεω		
κρινω		
μελλω		
μενω		
ὁραω		
παραδιδωμι		
παρακαλεω		
πορευομαι		
σωζω		

☐연습문제(2)

아래 우리말로 된 헬라어를 원어로 바꾸고 뜻을 기록하라.

우리말	헬라어	뜻
자오-		
제-테오-		
히스테-미		
발로-		
블레포-		
그라포흐		
칼레오-		
크리노-		
멜로-		
메노-		
호라오-		
파라디도-미-		
파라칼레오-		
포류오마이		
소-조-		

⊡연습문제(3)

아래 우리말을 헬라어로 바꾸고 발음을 기록하라.

우리말	품사	헬라어	발음
살다	동사		
찾다, 추구하다	동사		
서다, 세우다	동사		
던지다	동사		
바라보다	동사		
(글을)쓰다	동사		
부르다	동사		
판단하다	동사		
~하려고 하다	동사		
머무르다	동사		
보다(see)	동사		
넘겨주다	동사		
권면하다	동사		
여행하다	동사		
구원하다	동사		

33
100번 이상 나오는 단어(5)

단어	발음	품사	뜻
τιθημι	티데흐-미	동사	두다(put)
ἀνιστημι	아니스테-미	동사	위에 세우다
συν(+여격)	쉰	전치사	~와 함께
παρα(여격) (소유격)	파라	전치사	옆에(여격), (옆에서)부터(소유격)
ὑπερ(+소유격)	휘페르	전치사	~을 위하여
καθως	카도흐-스	접속사	~처럼
ὁτε	호테	접속사	~할 때(when)
παλιν	팔린	부사	다시
νυν	뉜	부사	지금
ἑως	헤오-스	접속사	~까지(until)
μεν	멘	부사	심지어
οὐδε	우데	부사	역시 아니다
πως	포-스	부사	어떻게(how)
ἀποστολος	아포스톨로스	남성명사	사도
ἀρτος	아르토스	남성명사	빵

□ 연습문제(1)

아래 헬라어를 우리말로 음역하고 뜻을 기록하라.

단어	발음	뜻
τιθημι		
ἀνιστημι		
συν(+여격)		
παρα(여격)(소유격)		
ὑπερ(+소유격)		
καθως		
ὁτε		
παλιν		
νυν		
ἑως		
μεν		
οὐδε		
πως		
ἀποστολος		
ἀρτος		

⎘연습문제(2)

아래 우리말로 된 헬라어를 원어로 바꾸고 뜻을 기록하라.

우리말	헬라어	뜻
티데흐-미		
아니스테-미		
쉰(+여격)		
파라(여격)(소유격)		
휘페르(+소유격)		
카도흐-스		
호테		
팔린		
뉜		
헤오-스		
멘		
우데		
포-스		
아포스톨로스		
아르토스		

⠿연습문제(3)

아래 우리말을 헬라어로 바꾸고 발음을 기록하라.

우리말	품사	헬라어	발음
두다(put)	동사		
위에 세우다	동사		
~와 함께	전치사		
옆에(여격), (옆에서)부터(소유격)	전치사		
~을 위하여	전치사		
~처럼	접속사		
~할 때(when)	접속사		
다시	부사		
지금	부사		
~까지(until)	접속사		
심지어	부사		
역시 아니다	부사		
어떻게(how)	부사		
사도	남성명사		
빵	남성명사		

34
50번 이상 나오는 단어(1)

단어	발음	품사	뜻
εὐαγγελιον	유앙겔리온	중성명사	복음
σημειον	세-메이온	중성명사	표적(표시)
δικαιοσυνη	디카이오쉬네-	여성명사	의(의로움)
εἰρηνη	에이레-네-	여성명사	평화
θαλασσα	달ㅎ라싸	여성명사	바다
καλος	칼로스	형용사	좋은(가치있어서)
δικαιος	디카이오스	형용사	의로운
αἱμα	하이마	중성명사	피
μητηρ	메-테-르	여성명사	어머니
πους	푸스	남성명사	발
ἀκολουθεω	아콜루데ㅎ오-	동사	따라가다
ἀναβαινω	아나바이노-	동사	오르다(올라가다)
ἀνοιγω	아노이고-	동사	열다(open)
ἀρχω	아르코ㅎ-	동사	지배하다(통치하다)
βαπτιζω	바프티조-	동사	세례주다

□연습문제(1)

아래 헬라어를 우리말로 음역하고 뜻을 기록하라.

단어	발음	뜻
εὐαγγελιον		
σημειον		
δικαιοσυνη		
εἰρηνη		
θαλασσα		
καλος		
δικαιος		
αἱμα		
μητηρ		
πους		
ἀκολουθεω		
ἀναβαινω		
ἀνοιγω		
ἀρχω		
βαπτιζω		

□ 연습문제(2)

아래 우리말로 된 헬라어를 원어로 바꾸고 뜻을 기록하라.

우리말	헬라어	뜻
유앙겔리온		
세-메이온		
디카이오쉬네-		
에이레-네-		
달흐라싸		
칼로스		
디카이오스		
하이마		
메-테-르		
푸스		
아콜루데흐오-		
아나바이노-		
아노이고-		
아르코흐-		
바프티조-		

⠐연습문제(3)

아래 우리말을 헬라어로 바꾸고 발음을 기록하라.

우리말	품사	헬라어	발음
복음	중성명사		
표적(표시)	중성명사		
의(의로움)	여성명사		
평화	여성명사		
바다	여성명사		
좋은(가치있어서)	형용사		
의로운	형용사		
피	중성명사		
어머니	여성명사		
발	남성명사		
따라가다	동사		
오르다(올라가다)	동사		
열다(open)	동사		
지배하다(통치하다)	동사		
세례주다	동사		

35
50번 이상 나오는 단어(2)

단어	발음	품사	뜻
γεννάω	겐나오-	동사	낳다
διδάσκω	디다스코-	동사	가르치다
κάθημαι	카데ㅎ-마이	동사	앉아있다
ἄγω	아고-	동사	이끌다(lead)
καιρος	카이로스	남성명사	때(하나님이 정하신)
τοπος	토포스	남성명사	장소
τεκνον	테크논	중성명사	어린아이(자녀)
κεφαλη	케팔ㅎ레-	여성명사	머리(사람이나 동물의)
οἰκια	오이키아	여성명사	집(house)
πονηρος	포네-로스	형용사	나쁜
πρωτος	프로-토스	부사	첫번째(순서의)
στομα	스토마	중성명사	입
μαρτυρεω	마르튀레오-	동사	증언하다
πεμπω	펨토-	동사	보내다(심부름을)
περιπατεω	페리파테오-	동사	돌아다니다

□ 연습문제(1)

아래 헬라어를 우리말로 음역하고 뜻을 기록하라.

단어	발음	뜻
γενναω		
διδασκω		
καθημαι		
ἀγω		
καιρος		
τοπος		
τεκνον		
κεφαλη		
οἰκια		
πονηρος		
πρωτος		
στομα		
μαρτυρεω		
πεμπω		
περιπατεω		

⬚연습문제(2)

아래 우리말로 된 헬라어를 원어로 바꾸고 뜻을 기록하라.

우리말	헬라어	뜻
겐나오-		
디다스코-		
카데능-마이		
아고-		
카이로스		
토포스		
테크논		
케팔흐레		
오이키아		
포네-로스		
프로-토스		
스토마		
마르튀레오-		
펨포-		
페리파테오-		

⦂연습문제(3)

아래 우리말을 헬라어로 바꾸고 발음을 기록하라.

우리말	품사	헬라어	발음
낳다	동사		
가르치다	동사		
앉아있다	동사		
이끌다(lead)	동사		
때(하나님이 정하신)	남성명사		
장소	남성명사		
어린아이(자녀)	중성명사		
머리(사람이나 동물의)	여성명사		
집(house)	여성명사		
나쁜	형용사		
첫번째(순서의)	부사		
입	중성명사		
증언하다	동사		
보내다(심부름을)	동사		
돌아다니다	동사		

36
50번 이상 나오는 단어(3)

단어	발음	품사	뜻
πιπτω	피프토-	동사	떨어지다(넘어지다)
πληροω	플레-로오-	동사	성취하다(이루다)
προσευχομαι	프로슈코흐마이	동사	기도하다
ὑπαγω	휘파고-	동사	떠나다
φοβεομαι	포흐베오마이	동사	두려워하다
καταβαινω	카타바이노-	동사	내려가다
δωδεκα	도-데카	형용사	열둘
ἐκει	에케이	부사	거기, 그곳에
ἐμος	에모스	대명사	나의(my)
ἑπτα	헤프타	형용사	일곱
ἑτερος	헤테로스	형용사	(완전히)다른
ἐτι	에티	부사	여전히
καγω	카고-	대명사	나 역시
μαλλον	말론	부사	더욱 더
μηδεις	메-데이스	대명사	(어느)누구도

□연습문제(1)

아래 헬라어를 우리말로 음역하고 뜻을 기록하라.

단어	발음	뜻
πιπτω		
πληροω		
προσευχομαι		
ὑπαγω		
φοβεομαι		
καταβαινω		
δωδεκα		
ἐκει		
ἐμος		
ἑπτα		
ἑτερος		
ἐτι		
καγω		
μαλλον		
μηδεις		

□연습문제(2)

아래 우리말로 된 헬라어를 원어로 바꾸고 뜻을 기록하라.

우리말	헬라어	뜻
피프토-		
플레-로오-		
프로슈코ㅎ마이		
휘파고-		
포ㅎ베오마이		
카타바이노-		
도-데카		
에케이		
에모스		
헤프타		
헤테로스		
에티		
카고-		
말론		
메-데이스		

⊡연습문제(3)

아래 우리말을 헬라어로 바꾸고 발음을 기록하라.

우리말	품사	헬라어	발음
떨어지다(넘어지다)	동사		
성취하다(이루다)	동사		
기도하다	동사		
떠나다	동사		
두려워하다	동사		
내려가다	동사		
열둘	형용사		
거기, 그곳에	부사		
나의(my)	대명사		
일곱	형용사		
(완전히)다른	형용사		
여전히	부사		
나 역시	부사		
더욱 더	부사		
(어느)누구도	대명사		

37
50번 이상 나오는 단어(4)

단어	발음	품사	뜻
ὁπου	호푸	부사	곳에(장소의 부사)
οὐτε	우테	부사	그리고~아니다
ὡστε	호-스테	접속사	그러므로, 그래서
οὐ μη	우 메-	부사	결코 아니다
διδασκαλος	디다스칼로스	남성명사	선생(교사)
θρονος	드흐로노스	남성명사	보좌(왕좌)
δαιμονιον	다이모니온	중성명사	마귀
ἱερον	히에론	중성명사	성전
ἱματιον	히마티온	중성명사	옷
παιδιον	파이디온	중성명사	유아(어린아이)
λιθος	리도흐스	남성명사	돌
χρονος	크흐로노스	남성명사	(물리적인)시간, 때
πλοιον	플로이온	중성명사	배(선박)
προσωπον	프로소-폰	중성명사	얼굴
σαββατον	삽바톤	중성명사	안식일

▪연습문제(1)

아래 헬라어를 우리말로 음역하고 뜻을 기록하라.

단어	발음	뜻
ὁπου		
οὐτε		
ὡστε		
οὐ μη		
διδασκαλος		
θρονος		
δαιμονιον		
ἱερον		
ἱματιον		
παιδιον		
λιθος		
χρονος		
πλοιον		
προσωπον		
σαββατον		

□ 연습문제(2)

아래 우리말로 된 헬라어를 원어로 바꾸고 뜻을 기록하라.

우리말	헬라어	뜻
호푸		
우테		
호-스테		
우 메-		
디다스칼로스		
드흐로노스		
다이모니온		
히에론		
히마티온		
파이디온		
리도흐스		
크흐로노스		
플로이온		
프로소-폰		
삽바톤		

⊡ 연습문제(3)

아래 우리말을 헬라어로 바꾸고 발음을 기록하라.

우리말	품사	헬라어	발음
곳에(장소의 부사)	부사		
그리고~아니다	부사		
그러므로, 그래서	접속사		
결코 아니다	부사		
선생(교사)	남성명사		
보좌(왕좌)	남성명사		
마귀	중성명시		
성전	중성명사		
옷	중성명사		
유아(어린아이)	중성명사		
돌	남성명사		
(물리적인)시간, 때	남성명사		
배(선박)	중성명사		
얼굴	중성명사		
안식일	중성명사		

38
50번 이상 나오는 단어(5)

단어	발음	품사	뜻
ἀρχη	아르케ᅙ-	여성명사	통치, 시작
γλωσσα	글로-싸	여성명사	혀
γραφη	그라페ᅙ-	여성명사	글
ἐντολη	엔톨레-	여성명사	명령
ἐπαγγελια	에팡겔리아	여성명사	약속
ἀγαπητος	아가페-토스	형용사	사랑하는
αἰωνιος	아이오-니오스	형용사	영원한
δεξιος	덱시오스	형용사	오른쪽
ἐσχατος	에스카ᅙ토스	형용사	마지막
κακος	카코스	형용사	나쁜
λοιπος	로이포스	형용사	남은(남아있는)
γραμματευς	그람마튜스	남성명사	율법학자
ἐλπις	엘피스	여성명사	소망
θελημα	델ᅙ레-마	중성명사	뜻
νυξ	뉙스	여성명사	밤(night)

⊡ 연습문제(1)

아래 헬라어를 우리말로 음역하고 뜻을 기록하라.

단어	발음	뜻
ἀρχη		
γλωσσα		
γραφη		
ἐντολη		
ἐπαγγελια		
ἀγαπητος		
αἰωνιος		
δεξιος		
ἐσχατος		
κακος		
λοιπος		
γραμματευς		
ἐλπις		
θελημα		
νυξ		

□연습문제(2)

아래 우리말로 된 헬라어를 원어로 바꾸고 뜻을 기록하라.

우리말	헬라어	뜻
아르케ㅎ-		
글로-싸		
그라페ㅎ-		
엔톨레-		
에팡겔리아		
아가페-토스		
아이오-니오스		
덱시오스		
에스카ㅎ토스		
카코스		
로이포스		
그람마튜스		
엘피스		
델ㅎ레-마		
뇔스		

⠿연습문제(3)

아래 우리말을 헬라어로 바꾸고 발음을 기록하라.

우리말	품사	헬라어	발음
처음, 시작, 통치	여성명사		
혀	여성명사		
글	여성명사		
명령	여성명사		
약속	여성명사		
사랑하는	형용사		
영원한	형용사		
오른쪽	형용사		
마지막	형용사		
나쁜	형용사		
남은(남아있는)	형용사		
율법학자	남성명사		
소망	여성명사		
뜻	중성명사		
밤(night)	여성명사		

39
50번 이상 나오는 단어(6)

단어	발음	품사	뜻
παραβολη	파라볼레-	여성명사	비유
σοφια	소피ㅎ아	여성명사	지혜
συναγωγη	쉬나고-게-	여성명사	회당
χαρα	카ㅎ라	여성명사	기쁨
μακαριος	마카리오스	형용사	행복한
μεσος	메소스	형용사	중간의
πιστος	피스토스	형용사	믿음이 있는, 신실한
πρεσβυτερος	프레스뷔테로스	남성명사	장로
τυφλος	튀플ㅎ로스	남성명사	소경(맹인)
ὀρος	오로스	중성명사	산
πυρ	퓌르	중성명사	불
ῥημα	흐레-마	중성명사	(전해지는)말
φως	포ㅎ-스	중성명사	빛
πλειων	플레이온-	형용사	많은
κηρυσσω	케-뤼쏘	동사	선포하다

□연습문제(1)

아래 헬라어를 우리말로 음역하고 뜻을 기록하라.

단어	발음	뜻
παραβολη		
σοφια		
συναγωγη		
χαρα		
μακαριος		
μεσος		
πιστος		
πρεσβυτερος		
τυφλος		
ὁρος		
πυρ		
ῥημα		
φως		
πλειων		
κηρυσσω		

□연습문제(2)

아래 우리말로 된 헬라어를 원어로 바꾸고 뜻을 기록하라.

우리말	헬라어	뜻
파라볼레-		
소피흥아		
쉬나고-게-		
카흥라		
마카리오스		
메소스		
피스토스		
프레스뷔테로스		
튀플흥로스		
오로스		
퓌르		
흐레-마		
포흥-스		
플레이온-		
케-뤼쏘		

⊡ 연습문제(3)

아래 우리말을 헬라어로 바꾸고 발음을 기록하라.

우리말	품사	헬라어	발음
비유	여성명사		
지혜	여성명사		
회당	여성명사		
기쁨	여성명사		
행복한	형용사		
중간의	형용사		
믿음이 있는, 신실한	형용사		
장로	남성명사		
소경(맹인)	남성명사		
산	중성명사		
불	중성명사		
(전해지는)말	중성명사		
빛	중성명사		
많은	형용사		
선포하다	동사		

40
50번 이상 나오는 단어(7)

단어	발음	품사	뜻
αἰτεω	아이테오-	동사	여쭈다
ἀποκτεινω	아포크테이노-	동사	죽이다
ἀπολυω	아폴뤼오-	동사	놓아주다
ἀσπαζομαι	아스파조마이	동사	껴안다(영접하다)
κραζω	크라조-	동사	소리지르다
πειθω	페이도흐-	동사	설득하다
δεχομαι	데코흐마이	동사	받아들이다
δοκεω	도케오-	동사	생각하다
δοξαζω	독사조-	동사	영광스럽게하다
ἐροταω	에로타오-	동사	묻다(물어보다)
εὐαγγελιζω	유앙겔리조-	동사	복음을 전하다
θεωρεω	데흐오-레오-	동사	살펴보다
πινω	피노-	동사	마시다
προσκυνεω	프로스퀴네오-	동사	경배하다(예배하다)
σπειρω	스페이로-	동사	씨뿌리다

□연습문제(1)

아래 헬라어를 우리말로 음역하고 뜻을 기록하라.

단어	발음	뜻
αἰτεω		
ἀποκτεινω		
ἀπολυω		
ἀσπαζομαι		
κραζω		
πειθω		
δεχομαι		
δοκεω		
δοξαζω		
ἐροταω		
εὐαγγελιζω		
θεωρεω		
πινω		
προσκυνεω		
σπειρω		

□연습문제(2)

아래 우리말로 된 헬라어를 원어로 바꾸고 뜻을 기록하라.

우리말	헬라어	뜻
아이테오-		
아포크테이노-		
아폴뤼오-		
아스파조마이		
크라조-		
페이도흐-		
데코흐마이		
도케오-		
독사조-		
에로타오-		
유앙겔리조-		
데흐오-레오-		
피노-		
프로스퀴네오-		
스페이로-		

⠐연습문제(3)

아래 우리말을 헬라어로 바꾸고 발음을 기록하라.

우리말	품사	헬라어	발음
여쭈다	동사		
죽이다	동사		
놓아주다	동사		
껴안다(영접하다)	동사		
소리지르다	동사		
설득하다	동사		
받아들이다	동사		
생각하다	동사		
영광스럽게하다	동사		
묻다(물어보다)	동사		
복음을 전하다	동사		
살펴보다	동사		
마시다	동사		
경배하다(예배하다)	동사		
씨뿌리다	동사		

41
50번 이상 나오는 단어(8)

단어	발음	품사	뜻
τηρεω	테-레오-	동사	지키다(keep)
ὑπαρχω	휘파르코흐-	동사	실재하다
φερω	페흐로-	동사	가져오다
χαιρω	카흐이로-	동사	기뻐하다
διο	디오	접속사	그래서
εἰτε ~ εἰτε	에이테 에이테	접속사	~ 하든지 아니든지
ἐξω	엑소-	동사	밖에(밖에서)
εὐθυς	유뒤흐스	형용사	똑바른(곧은)
ἠδη	에-데-	부사	이미(already)
μηδε	메-데	동사	역시 아니다
μονον	모논	부사	홀로
ὁπως	호포-스	의문부사	어떻게 하든지
οὐχι	우키흐	부정부사	아니다(οὐ의 강조형)
πρωτον	프로-톤	부사	먼저(πρωτος의 부사)
ὡδε	호-데	부사	여기(here)

□연습문제(1)

아래 헬라어를 우리말로 음역하고 뜻을 기록하라.

단어	발음	뜻
τηρεω		
ὑπαρχω		
φερω		
χαιρω		
διο		
εἰτε ~ εἰτε		
ἐξω		
εὐθυς		
ἠδη		
μηδε		
μονον		
ὁπως		
οὐχι		
πρωτον		
ὡδε		

☐연습문제(2)

아래 우리말로 된 헬라어를 원어로 바꾸고 뜻을 기록하라.

우리말	헬라어	뜻
테-레오-		
휘파르코흐-		
페흐로-		
카흐이로-		
디오		
에이테 에이테		
엑소-		
유뒤흐스		
에-데-		
메-데		
모논		
호포-스		
우키흐		
프로-톤		
호-데		

⊡ 연습문제 (3)

아래 우리말을 헬라어로 바꾸고 발음을 기록하라.

우리말	품사	헬라어	발음
지키다(keep)	동사		
실재하다	동사		
가져오다	동사		
기뻐하다	동사		
그래서	접속사		
~하든지 아니든지	접속사		
밖에(밖에서)	동사		
똑바른(곧은)	형용사		
이미(already)	부사		
역시 아니다	부정부사		
홀로	부사		
어떻게 하든지	의문부사		
아니다(οὐ의 강조형)	부정부사		
먼저(πρωτος의 부사형)	부사		
여기(here)	부사		

42
40번 이상 나오는 단어(1)

단어	발음	품사	뜻
ἁμαρτωλος	하마르톨-로스	남성명사	죄인
φοβος	포ㅎ보스	남성명사	두려움, 경외
γενεα	게네아	여성명사	종족
σωτερια	소-테리아	여성명사	구원
χρεια	크ㅎ레이아	여성명사	필요
ἀξιος	악시오스	형용사	가치 있는
δευτερος	듀테로스	형용사	두 번째
ἐρημος	에레-모스	남성명사	광야(사막)
ἱκανος	히카노스	형용사	충분한
καινος	카이노스	형용사	새로운
μονος	모노스	형용사	홀로있는
ἀναστασις	아나스타시스	여성명사	부활
ἐτος	에토스	중성명사	해, 년
θλιψις	들ㅎ맆시스	여성명사	압박(pressure)
κρισις	크리시스	여성명사	판단

□ 연습문제(1)

아래 헬라어를 우리말로 음역하고 뜻을 기록하라.

단어	발음	뜻
ἁμαρτωλος		
φοβος		
γενεα		
σωτερια		
χρεια		
ἀξιος		
δευτερος		
ἐρημος		
ἱκανος		
καινος		
μονος		
ἀναστασις		
ἐτος		
θλιψις		
κρισις		

□연습문제(2)

아래 우리말로 된 헬라어를 원어로 바꾸고 뜻을 기록하라.

우리말	헬라어	뜻
하마르톨-로스		
포ㅎ보스		
게네스		
소-테리아		
크ㅎ레이아		
악시오스		
듀테로스		
에레-모스		
히카노스		
카이노스		
모노스		
아나스타시스		
에토스		
듈ㅎ맆시스		
크리시스		

⬚연습문제(3)

아래 우리말을 헬라어로 바꾸고 발음을 기록하라.

우리말	품사	헬라어	발음
죄인	남성명사		
두려움, 경외	남성명사		
종족	여성명사		
구원	여성명사		
필요	여성명사		
가치있는	형용사		
두 번째	형용사		
광야(사막)	남성명사		'
충분한	형용사		
새로운	형용사		
홀로있는	형용사		
부활	여성명사		
해, 년	중성명사		
압박	여성명사		
판단	여성명사		

43
40번 이상 나오는 단어(2)

단어	발음	품사	뜻
μειζων	메이존-	형용사	더 큰
ἁμαρτανω	하마르타노-	동사	죄를 범하다
δεω	데오-	동사	묶다
διωκω	디오-코-	동사	몰아내다
ἐγγιζω	엥기조-	동사	접근하다
ἐπιγινωσκω	에피그노-스코-	동사	친하게 알다
ἐργαζομαι	에르가조마이	동사	일하다
ἑτοιμαζω	헤토이마조-	동사	준비하다
ναος	나오스	남성명사	성소(성전)
θεριον	데흐리온	중성명사	동물
τιμη	티메-	여성명사	가치있는 것
φυλακη	필흐라케-	여성명사	감시
ολιγος	올리고스	형용사	적은, 몇몇의
ὁμοιος	호모이오스	형용사	비슷한
τεσσαρες	테싸레스	형용사	넷(4)

⊡연습문제(1)

아래 헬라어를 우리말로 음역하고 뜻을 기록하라.

단어	발음	뜻
μειζων		
ἁμαρτανω		
δεω		
διωκω		
ἐγγιζω		
ἐπιγινωσκω		
ἐργαζομαι		
ἑτοιμαζω		
ναος		
θεριον		
τιμη		
φυλακη		
ολιγος		
ὁμοιος		
τεσσαρες		

▣연습문제(2)

아래 우리말로 된 헬라어를 원어로 바꾸고 뜻을 기록하라.

우리말	헬라어	뜻
메이존-		
하마르타노-		
데오-		
디오-코-		
엥기조-		
에피그노-스코-		
에르가조마이		
헤토이마조		
나오스		
데흐리온		
티메		
필흐라케-		
올리고스		
호모이오스		
테싸레스		

⊡연습문제(3)

아래 우리말을 헬라어로 바꾸고 발음을 기록하라.

우리말	품사	헬라어	발음
더 큰	형용사		
죄를 범하다	동사		
묶다	동사		
몰아내다	동사		
접근하다	동사		
친하게 알다	동사		
일하다	동사		
준비하다	동사		
성소(성전)	남성명사		
동물	중성명서		
가치있는 것	여성명사		
감시	여성명사		
적은, 몇몇의	형용사		
비슷한	형용사		
넷(4)	형용사		

44
40번 이상 나오는 단어(3)

단어	발음	품사	뜻
τριτος	트리토스	형용사	세번 째
μερος	메로스	중성명사	부분
σπερμα	스페르마	중성명사	씨(씨앗)
τελος	텔로스	중성명사	끝(마지막)
καθιζω	카디ᇹ조-	동사	앉다
κατοικεω	카토이케오-	동사	거주하다
κρατεω	크라테오-	동사	붙들다
λογιζομαι	로기조마이	동사	계산하다, 평가하다
λυω	뤼오-	동사	(묶인 것을)풀다
οἰκοδομεω	오이코도메오-	동사	(집을)짓다
παραλαμβανω	파라람바노-	동사	넘겨받다
παριστανω	파리스타노-	동사	옆에 세우다
εὐλογεω	율로게오-	동사	찬양하다, 축복하다
θαυμαζω	다ᇹ우마조-	동사	경이로워하다
θεραπευω	데ᇹ라퓨오-	동사	치료하다

□ 연습문제(1)

아래 헬라어를 우리말로 음역하고 뜻을 기록하라.

단어	발음	뜻
τριτος		
μερος		
σπερμα		
τελος		
καθιζω		
κατοικεω		
κρατεω		
λογιζομαι		
λυω		
οἰκοδομεω		
παραλαμβανω		
παρισтανω		
εὐλογεω		
θαυμαζω		
θεραπευω		

▫️연습문제(2)

아래 우리말로 된 헬라어를 원어로 바꾸고 뜻을 기록하라.

우리말	헬라어	뜻
트리토스		
메로스		
스페르마		
텔로스		
카디흐조-		
카토이케오-		
크라테오-		
로기조마이		
뤼오-		
오이코도메오-		
파라람바노-		
파리스타노-		
율로게오-		
다흐우마조-		
데흐라퓨오-		

⠶ 연습문제(3)

아래 우리말을 헬라어로 바꾸고 발음을 기록하라.

우리말	품사	헬라어	발음
세번 째	형용사		
부분	중성명사		
씨(씨앗)	중성명사		
끝(마지막)	중성명사		
앉다	동사		
거주하다	동사		
붙들다	동사		
계산하다, 평가하다	동사		
(묶인 것을)풀다	동사		
(집을)짓다	동사		
넘겨받다	동사		
옆에 세우다	동사		
찬양하다, 축복하다	동사		
경이로워하다	동사		
치료하다	동사		

45
40번 이상 나오는 단어(4)

단어	발음	품사	뜻
πασχω	파스코ᇰ	동사	힘든 일을 겪다
σταυροω	스타우로오-	동사	십자가에 못 박다
φανεροω	팧네로오-	동사	나타내다
φωνεω	퐇-네오-	동사	소리내다(소리치다)
ἀρα	아라	접속사	그래서(결과적으로)
ἀχρι	아킇리	전치사	~ 까지
ἐμπροσθεν	엠프로스덴ᇂ	전치사	~ 앞에
οὐαι	우아이	감탄사	아!(슬픔을 나타낼 때)
οὐκετι	우케티	부사	더 이상 ~가 아니다
ἀγρος	아그로스	남성명사	밭
ἀνεμος	아네모스	남성명사	바람
διαβολος	디아볼로스	남성명사	중상모략하는 자
ἀρνιον	아르니온	중성명사	어린 양
βιβλιον	비블리온	중성명사	책
μνημειον	므네-메이온	중성명사	무덤

▣ 연습문제(1)

아래 헬라어를 우리말로 음역하고 뜻을 기록하라.

단어	발음	뜻
πασχω		
σταυροω		
φανεροω		
φωνεω		
ἀρα		
ἀχρι		
ἐμπροσθεν		
οὐαι		
οὐκετι		
ἀγρος		
ἀνεμος		
διαβολος		
ἀρνιον		
βιβλιον		
μνημειον		

□연습문제(2)

아래 우리말로 된 헬라어를 원어로 바꾸고 뜻을 기록하라.

우리말	헬라어	뜻
파스코흐-		
스타우로오-		
파흐네로오-		
포흐-네오-		
아라		
아크흐리		
엠프로스덴흐		
우아이		
우케티		
아그로스		
아네모스		
디아볼로스		
아르니온		
비블리온		
므네-메이온		

⠮연습문제(3)

아래 우리말을 헬라어로 바꾸고 발음을 기록하라.

우리말	품사	헬라어	발음
힘든 일을 겪다	동사		
십자가에 못 박다	동사		
나타내다	동사		
소리내다(소리치다)	동사		
그래서(결과적으로)	접속사		
~ 까지	전치사		
~ 앞에	전치사		
아!(슬픔을 나타낼 때)	감탄사		
더 이상 ~가 아니다	부사		
밭	남성명사		
바람	남성명사		
중상모략하는 자	남성명사		
어린 양	중성명사		
책	중성명사		
무덤	중성명사		

46
40번 이상 나오는 단어(5)

단어	발음	품사	뜻
διαθηκη	디아데ㅎ-케-	여성명사	언약(협약)
διακονια	디아코니아	여성명사	섬김
διδαχη	디다케ㅎ	여성명사	가르침(교훈)
ἐπιθυμια	에피뒤ㅎ미아	여성명사	열망
θυρα	뒤ㅎ라	여성명사	문
μαρτυρια	마르튀리아	여성명사	증거
ἀρχων	아르콘ㅎ-	남성명사	우두머리, 통치자
ἱερευς	히에류스	남성명사	제사장
μαρτυς	마르튀스	남성명사	증인
μελος	멜로스	중성명사	(몸의)지체
ἀκαθαρτος	아카다ㅎ르토스	형용사	불결한
δυνατος	뒤나토스	형용사	능력있는
παντοτε	판토테	부사	항상
που	푸	의문부사	어디에
σημερον	세-메론	부사	오늘

□ 연습문제(1)

아래 헬라어를 우리말로 음역하고 뜻을 기록하라.

단어	발음	뜻
διαθηκη		
διακονια		
διδαχη		
ἐπιθυμια		
θυρα		
μαρτυρια		
ἀρχων		
ἱερευς		
μαρτυς		
μελος		
ἀκαθαρτος		
δυνατος		
παντοτε		
που		
σημερον		

□연습문제(2)

아래 우리말로 된 헬라어를 원어로 바꾸고 뜻을 기록하라.

우리말	헬라어	뜻
디아데흐-케-		
디아코니아		
디다케흐		
에피뒤흐미아		
뒤흐라		
마르튀리아		
아르콘흐-		
히에류스		
마르튀스		
멜로스		
아카다흐르토스		
뒤나토스		
판토테		
푸		
세-메론		

⚃연습문제(3)

아래 우리말을 헬라어로 바꾸고 발음을 기록하라.

우리말	품사	헬라어	발음
언약(협약)	여성명사		
섬김	여성명사		
가르침(교훈)	여성명사		
열망	여성명사		
문	여성명사		
증거	여성명사		
우두머리, 통치자	남성명사		
제사장	남성명사		
증인	여성명사		
(몸의)지체	중성명사		
불결한	형용사		
능력있는	형용사		
항상	부사		
어디에	의문부사		
오늘	부사		

47
40번 이상 나오는 단어(6)

단어	발음	품사	뜻
προ(+소유격)	프로	전치사	~앞에(~에 앞서)
χωρις(+소유격)	코흥-리스	전치사	~없이(without)
ἡλιος	헬-리오스	남성명사	태양
οἰνος	오이노스	남성명사	포도주
ποτηριον	포테-리온	중성명사	(마시는)잔
προβατον	프로바톤	중성명사	양(sheep)
ὀργη	오르게-	여성명사	분노(진노)
παρρησια	파르레-시아	여성명사	숨김없이 하는 말
περιτομη	페리토메-	여성명사	할례
προσευχη	프로슈케-	여성명사	기도
ὑπομονη	휘포모네-	여성명사	(~아래)머무름
φυλη	퓔흐레-	여성명사	부족(지파)
οὐς	우스	중성명사	귀
πληθος	플레-도흐스	중성명사	다수(무리)
σκοτος	스코토스	중성명사	어둠

⊡연습문제(1)

아래 헬라어를 우리말로 음역하고 뜻을 기록하라.

단어	발음	뜻
προ(+소유격)		
χωρις(+소유격)		
ἡλιος		
οἰνος		
ποτηριον		
προβατον		
ὀργη		
παρρησια		
περιτομη		
προσευχη		
ὑπομονη		
φυλη		
οὐς		
πληθος		
σκοτος		

□연습문제(2)

아래 우리말로 된 헬라어를 원어로 바꾸고 뜻을 기록하라.

우리말	헬라어	뜻
프로		
코흥-리스		
헬-리오스		
오이노스		
포테-리온		
프로바톤		
오르게-		
파르레-시아		
페리토메-		
프로슈케-		
휘포모네-		
필흐레-		
우스		
플레-도흐스		
스코토스		

⊡연습문제(3)

아래 우리말을 헬라어로 바꾸고 발음을 기록하라.

우리말	품사	헬라어	발음
~앞에(~에 앞서)	전치사		
~없이(without)	전치사		
태양	남성명사		
포도주	남성명사		
(마시는)잔	중성명사		
양(sheep)	중성명사		
분노(진노)	여성명사		
숨김없이 하는 말	여성명사		
할례	여성명사		
기도	여성명사		
(~아래)머무름	여성명사		
부족(지파)	여성명사		
귀	중성명사		
다수(무리)	중성명사		
어둠	중성명사		

48
40번 이상 나오는 단어(7)

단어	발음	품사	뜻
συνειδησις	쉬네이데-시스	여성명사	양심(함께 앎)
μικρος	미크로스	형용사	작은
ποιος	포이오스	의문형용사	무슨, 어떤
πτωχος	프토-코흐스	형용사	가난한
ἐχθρος	에크흐드흐로스	형용사	적대적인
ἀγοραζω	아고라조-	동사	사다(buy)
ἀναγινωσκω	아나기노-스코-	동사	(위에서)알다
ἁπτομαι	하프토마이	동사	만지다
ἀρνεομαι	아르네오마이	동사	거부하다
ἀσθενεω	아스데흐네오-	동사	약해지다
βλασφημεω	블라스페흥-메오	동사	모욕하다
βουλομαι	불로마이	동사	바라다(원하다)
δεικνυμι	데이크뉘미	동사	지시하다
δικαιοω	디카이오오-	동사	공의를 행하다
ἐλπιζω	엘피조-	동사	소망하다

□연습문제(1)

아래 헬라어를 우리말로 음역하고 뜻을 기록하라.

단어	발음	뜻
συνειδησις		
μικρος		
ποιος		
πτωχος		
ἐχθρος		
ἀγοραζω		
ἀναγινωσκω		
ἁπτομαι		
ἀρνεομαι		
ἀσθενεω		
βλασφημεω		
βουλομαι		
δεικνυμι		
δικαιοω		
ἐλπιζω		

☐연습문제(2)

아래 우리말로 된 헬라어를 원어로 바꾸고 뜻을 기록하라.

우리말	헬라어	뜻
쉬네이데-시스		
미크로스		
포이오스		
프토-코흐스		
에크흐드흐로스		
아고라조-		
아나기노-스코-		
하프토마이		
아르네오마이		
아스데흐네오-		
블라스페흐-메오		
블로마이		
데이크뉘미		
디카이오오-		
엘피조-		

⠔연습문제(3)

아래 우리말을 헬라어로 바꾸고 발음을 기록하라.

우리말	품사	헬라어	발음
양심(함께 앎)	여성명사		
작은	형용사		
무슨, 어떤	의문형용사		
가난한	형용사		
적대적인	형용사		
사다(buy)	동사		
(위에서)알다	동사		
만지다	동사		
거부하다	동사		
약해지다	동사		
모욕하다	동사		
바라다(원하다)	동사		
지시하다	동사		
공의를 행하다	동사		
소망하다	동사